MAGISTERIO

Porras Báez, Elizabeth
        Origami fantasías de papel / Elízabeth Porras Báez. — 1ed. —Santafé de
Bogotá: Cooperativa Editorial Magisterio, 1994.
        98 p.: il— (Colección Aula Alegre)
        ISBN 978-958-20-0061-5
        1.Origami 2.Trabajos en papel – Enseñanza I. Tit.
    II. Serie
    CDD 372.557 / 736.98 /P67o

Elizabeth Porras Báez

Origami

Fantasías de papel

MAGISTERIO

MAGISTERIO

Origami
Fantasías de papel

© Elizabeth Porras Báez

Libro ISBN. 978-958-20-0061-5

Primera edición: 1994
Segunda edición: 1996
Tercera edición: 1999
Cuarta edición: 2008

© COOPERATIVA EDITORIAL MAGISTERIO
www.magisterio.com.co

Dirección General
ALFREDO AYARZA BASTIDAS

Portada
MARÍA ALEJANDRA DAZA

Contenido

Presentación

A los maestros

ste libro, aspira a ser una muestra sencilla del trabajo con papel, que un docente puede realizar en su aula de clase, como medio de la expresión artística, y que puede ser utilizado en diferentes áreas del currículo.

En la labor educativa se hace cada vez más importante y necesario, encontrar fuentes de motivación que lleven a los niños a desarrollar sus potenciales de creatividad e imaginación y que a la vez les permitan un buen empleo de su "gran tiempo libre". El trabajo con papel es un recurso idóneo para ello. El docente debe propiciarlo en clase, ya sea como resultado de una temática o como medio recreativo.

Por otra parte, el trabajar con plegado, contribuye a un adecuado desarrollo de Conductas Básicas como: la *coordinación visomotora,* a través del doblado y recortado, lo que permite al niño el logro de la precisión en sus movimientos finos; *la atención* es otra facultad que se desarrolla ya que el plegado exige un adecuado seguimiento de instrucciones. También contribuye a que se aprendan a reconocer formas geométricas, sin dejarse influenciar por el color, el tamaño o la posición; lo cual significa que involucra la habilidad para percibir que un objeto posee propiedades que no varían, tales como una forma específica, una posición y un tamaño a pesar de la variabilidad que el objeto tiene ante nuestros ojos. Así mismo; permite al niño comprender el significado concreto de las palabras que designan relaciones espaciales tales como afuera, adentro, a la izquierda, delante, encima, debajo, lo cual previene problemas de confusión de letras (b - d - p - q-) y de números (24 por 42).

Esta obra está orientada metodológicamente para que pueda ser utilizada por cualquier niño en edad escolar. Para ello se inicia el trabajo con la enseñanza de los *dobleces elementales* que permiten estructurar las llamadas figuras básicas, para trabajar luego, sobre ellas, diversos modelos. Finalmente, con estos se crean algunas composiciones artísticas: éstas dependen fundamentalmente de la creatividad, originalidad y gozo que proporciona el trabajo realizado.

Señor maestro, Editorial Magisterio, tiene a bien, poner a disposición de usted este significativo recurso didáctico, del empleo del papel como elemento mediador en el proceso de enseñanza aprendizaje, en cualquier aula de clase. Muchas gracias por hacerlo suyo.

¿Qué es el Origami?

s el delicado arte de trabajar con papel.

Tiene su origen en el Japón. En sus comienzos sólo se trabajaba en las cortes imperiales pero poco a poco se fue convirtiendo en algo popular.

Este libro está escrito para niños y adultos que quieran recrearse dando rienda suelta a su imaginación y creatividad.

Inicia el trabajo con figuras muy elementales pero básicas para ir haciendo otras más difíciles.

El juego con papel es fascinante, estimula la imaginación, exige gran concentración y sobre todo unas manos gustosas de desarrollar la habilidad de trabajar divirtiéndose con ranas, sapos, cisnes, pájaros, perros, gatos, mariposas, y... todo lo que se quiera hacer.

¿Con qué papel trabajar?

Existe en el mercado un gran surtido de papel de diversas texturas y colores con el cual se puede trabajar; pero lo importante es que sea un papel liso, no tan duro, pero sí resistente, es decir, que al doblarlo y desdoblarlo no se rompa, no se estire, o no se ondule.

Para comenzar es conveniente comprar un papel suave y barato, luego, cuando se haya adquirido habilidad suficiente y no se corra el riesgo de dañarlo, puede comprarse uno más fino.

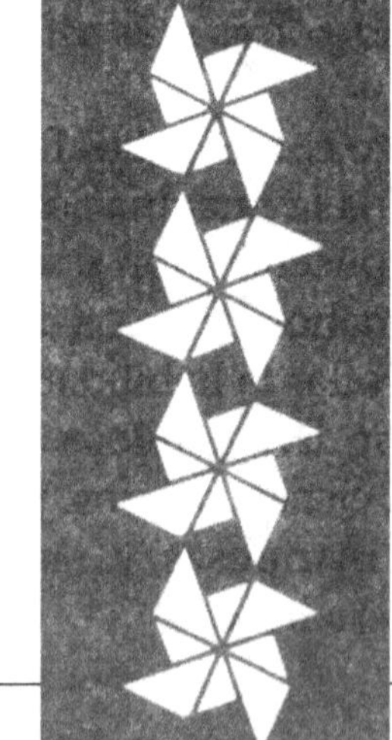

¿Cómo debe trabajarse?

ntes de comenzar a trabajar deben tenerse claras las siguientes reglas.

1. Observar bien los dibujos y leer las instrucciones que aparecen en cada página.
2. Aprender en primera instancia, cómo se hacen los dobleces, marcarlos siempre bien con la uña del pulgar, realizarlos despacio y con precisión. No debe olvidarse que éstos son la base del éxito del trabajo.
3. Empezar siempre en orden los pasos, ya que si se olvida uno de ellos, la figura no resulta.
4. Si se equivoca, no se impaciente, comience otra vez.
5. Medir los papeles con mucha exactitud y recortarlos con cuidado.
6. Aprender a manejar muy bien las llamadas figuras básicas, a partir de ellas pueden crearse muchísimas figuras más elaboradas.

A trabajar con el cuadrado

Muchas figuras tienen como base el cuadrado; si se dispone de una regla se puede dibujar muy fácil. Se mide la misma longitud para todos sus cuatro lados, se recorta y... ¡ya está!. También se pueden sacar de un rectángulo, siguiendo los pasos que muestra la figura.

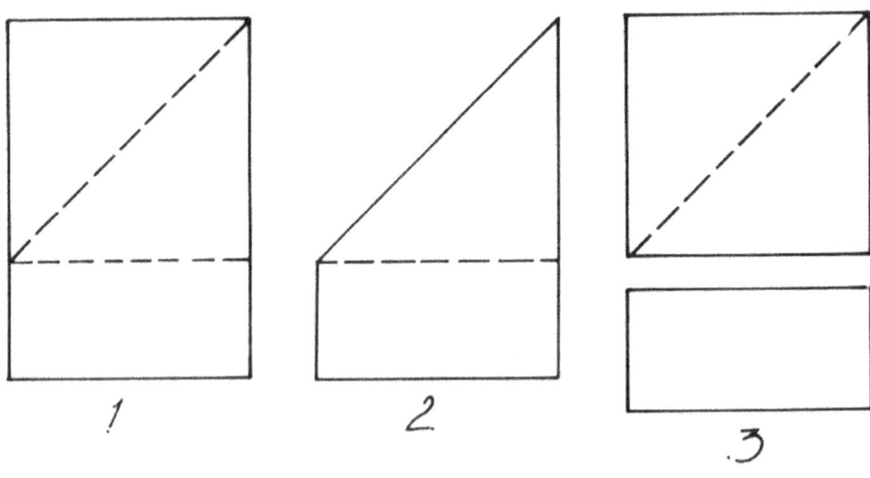

Para ejercitarnos, recortemos varios cuadrados y ensayemos ahora a hacer algunos pliegues básicos en ellos.

Observemos detenidamente las figuras y sigamos en orden los pasos.

Elaboremos un libro

Para ejercitarse en los anteriores dobleces se puede elaborar un pequeño libro.

Cortar 4 o 5 cuadrados de igual tamaño, por ejemplo de 10 cms x 10 cms.

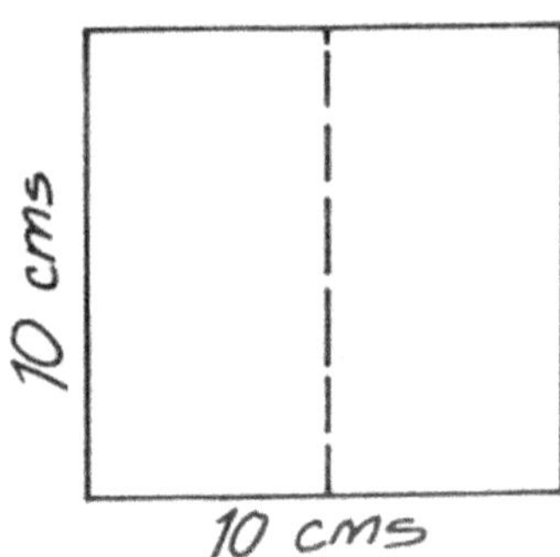

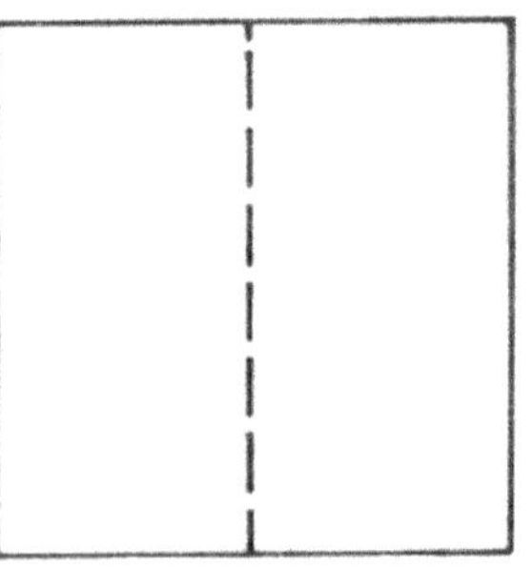

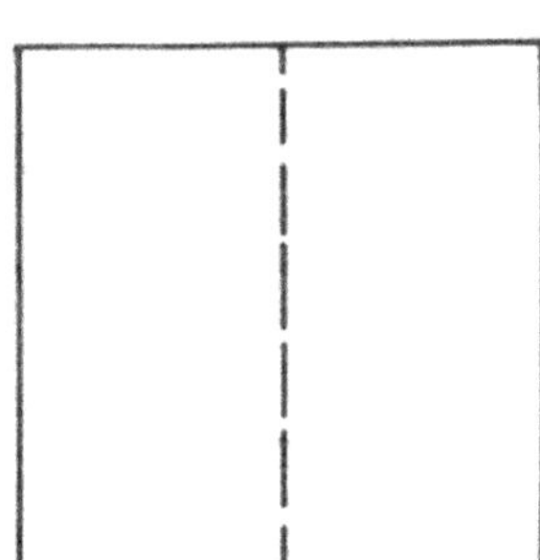

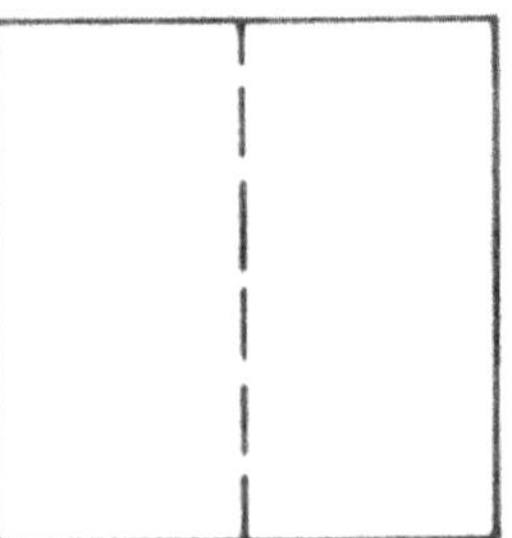

Doblar cada uno de los cuadrados verticalmente, exactamente por la mitad.

Luego meter, una entre otra, cada una de las hojas y coserlas con un hilo y aguja o con una grapadora por la marca de la mitad. O también se pueden amarrar con una cinta o hilo.

Dobleces en diagonal

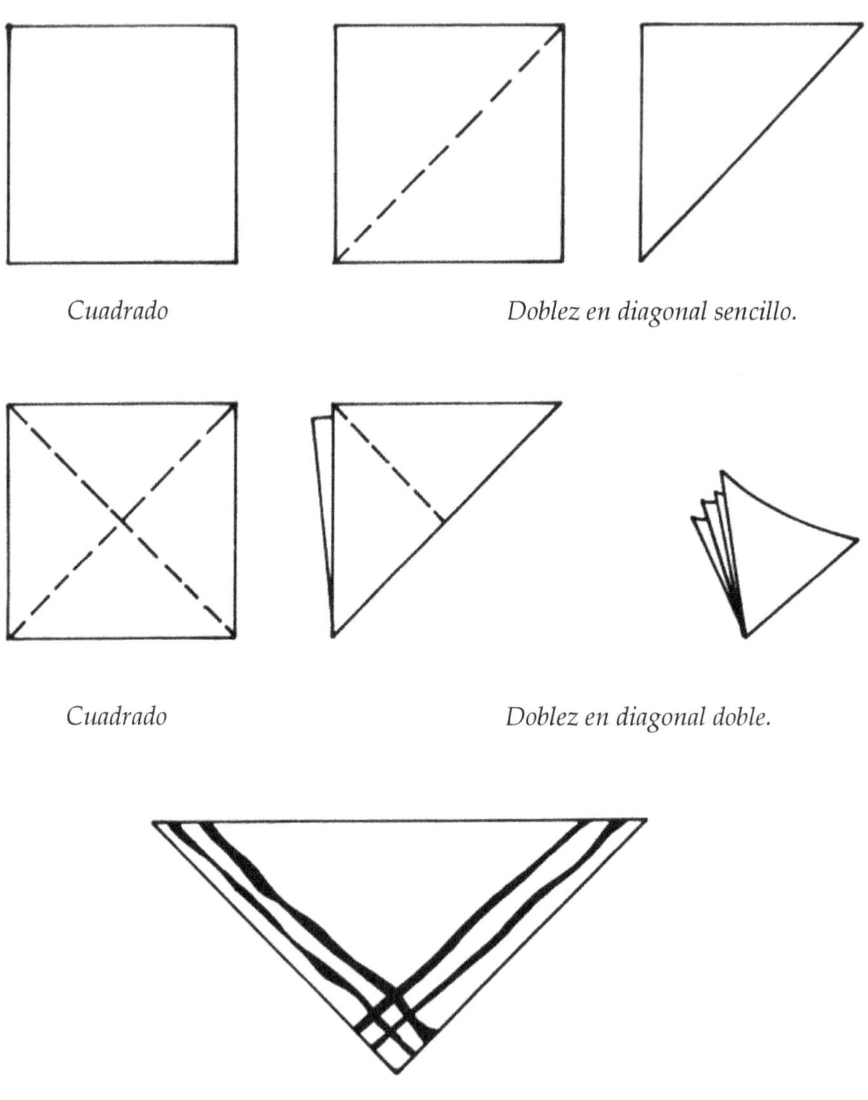

Cuadrado

Doblez en diagonal sencillo.

Cuadrado

Doblez en diagonal doble.

Pañuelos y servilletas

Hacer un cuadrado de 12 cms x 12 cms y doblarlo en diagonal. Ya está el pañuelo.

Recórtelo.

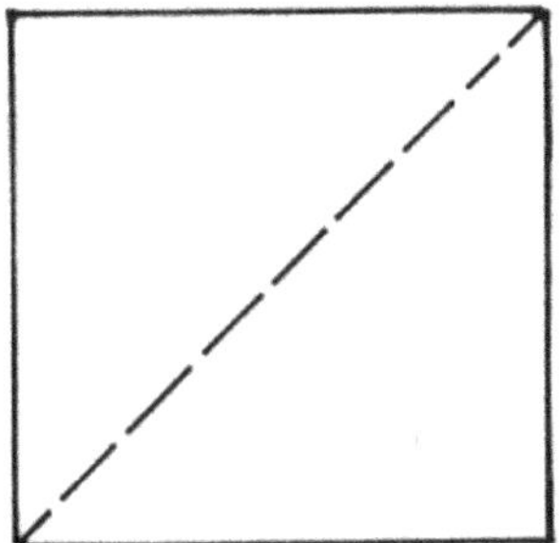

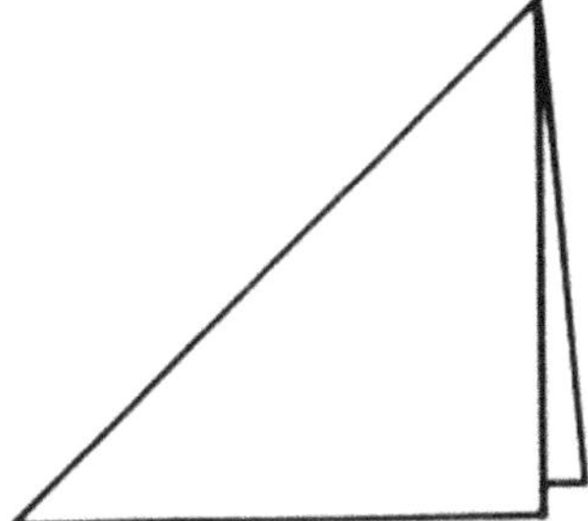

Para hacer la servilleta se corta con las tijeras flecos a los lados y decoramos.

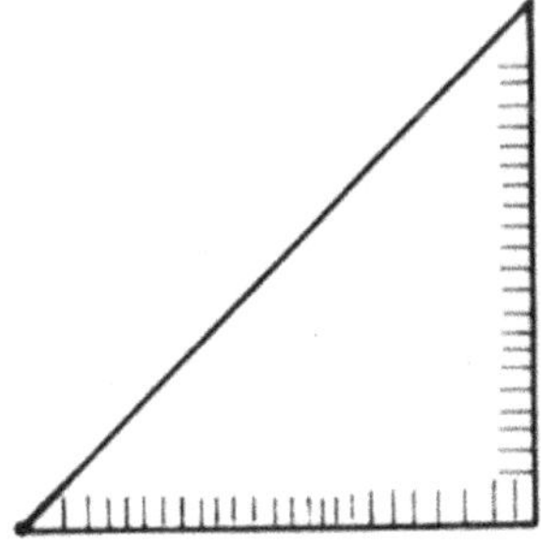

El perro guardián

1. Tomar un cuadrado de papel del tamaño que se quiera, y doblarlo en diagonal.

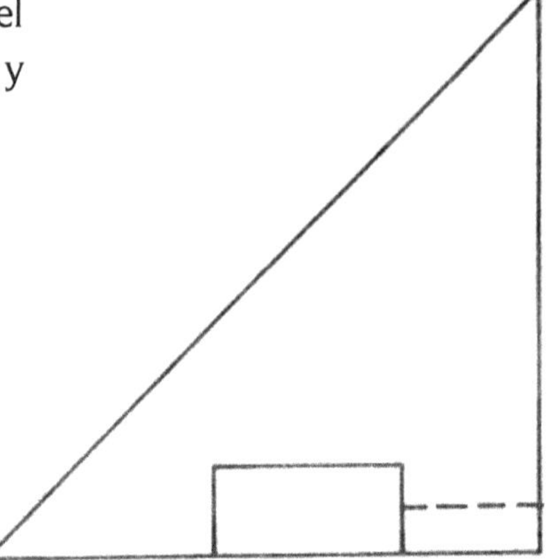

2. Recortar por la línea y doblar luego hacia arriba por la línea punteada.

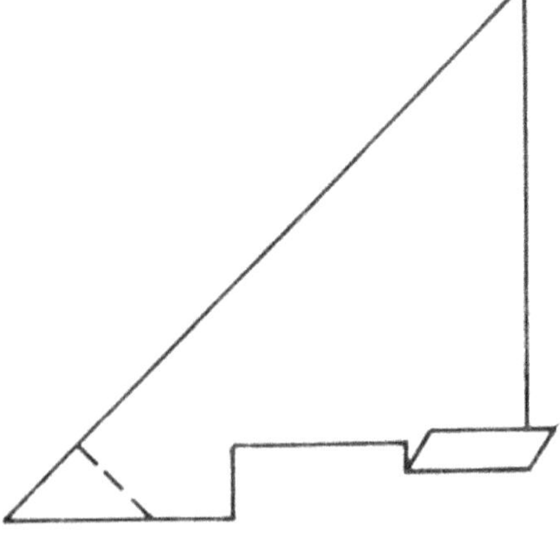

Ya tenemos el cuerpo. Ahora hagamos la cabeza.

3.   Tomar otro cuadrado de igual tamaño

.

Colocar el papel como lo muestra la figura y doblar los pliegues por donde indican las líneas punteadas.

4.   Doblar los puntos A y B hacia abajo y marcar el pliegue por la línea punteada. Doblar la punta C, hacia arriba, pero por detrás de la figura.

El gato Tomasín

1. Tomar un cuadrado de papel y doblarlo en diagonal.

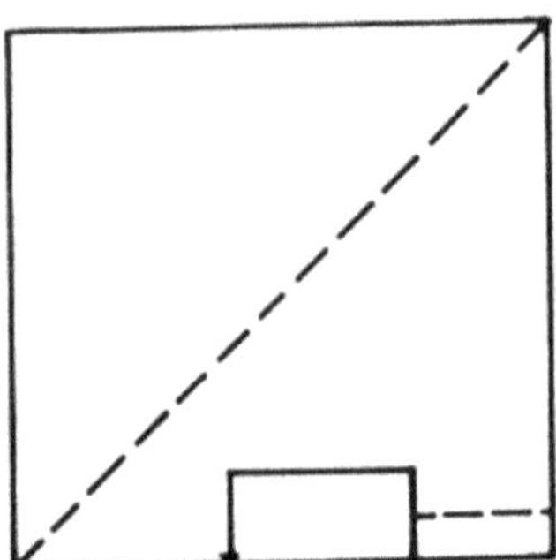

2. Recortar por la línea en negrilla y doblar hacia arriba por la línea punteada en el lado izquierdo. Doblar la punta de la cola hacia abajo.

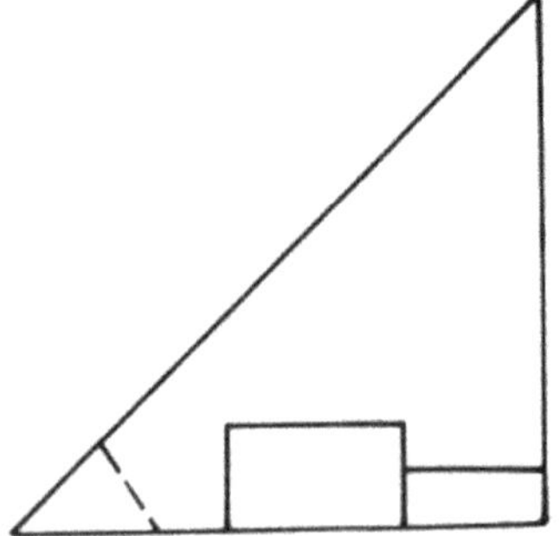

Ya está el cuerpo.

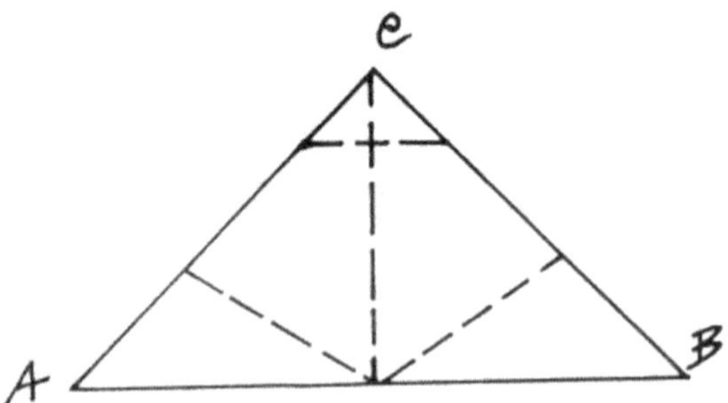

Hagamos ahora la cabeza.

3. Tomar otro cuadrado igual al anterior y doblarlo en diagonal por la mitad. Colocarlo como muestra la figura. Marcar los pliegues por las líneas punteadas.

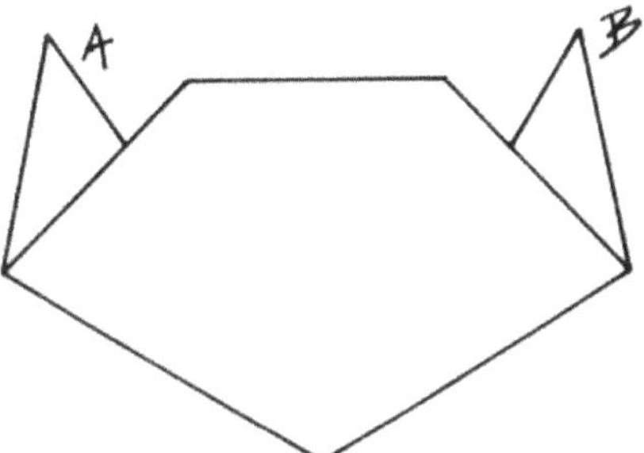

4. Doblar las puntas A y B hacia arriba, marcando el pliegue por la línea punteada, hacia atrás. Doblar la punta C hacia abajo, también por detrás de la figura.

5. Unir el cuerpo y la cabeza. Ya está listo "Tomasín"

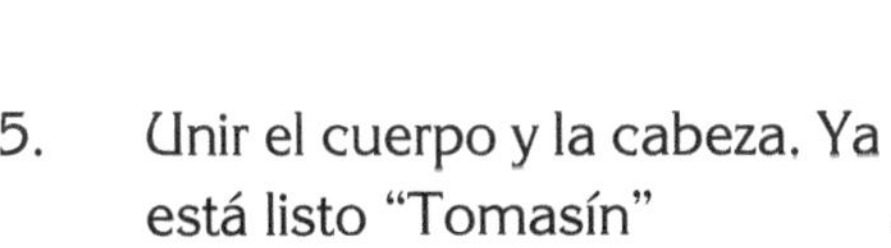

El conejito

1. Tomar un cuadrado de papel de 8 cms x 8 cms y doblarlo en diagonal como lo muestra la figura.

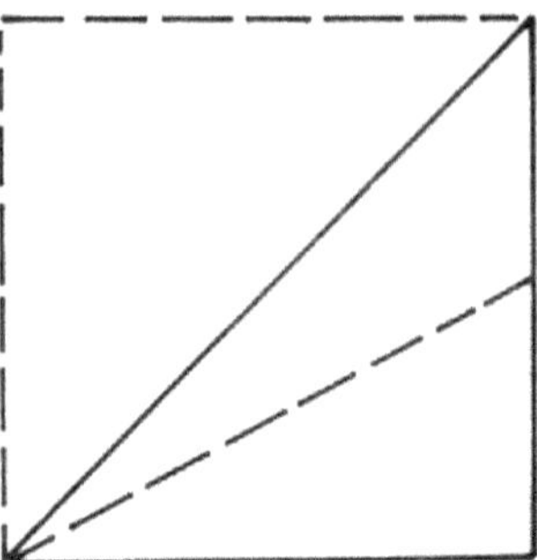

2. Tomar este triángulo y doblar las dos hojas hacia el mismo lado, por la línea punteada.

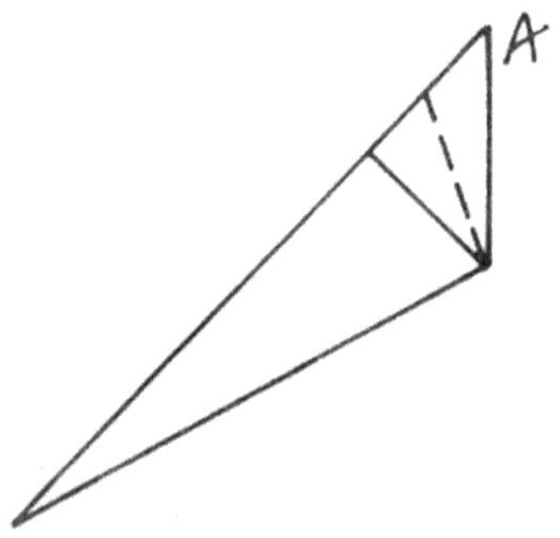

3. Doblar la punta A hacia arriba; marcar bien el pliegue por la línea punteada.

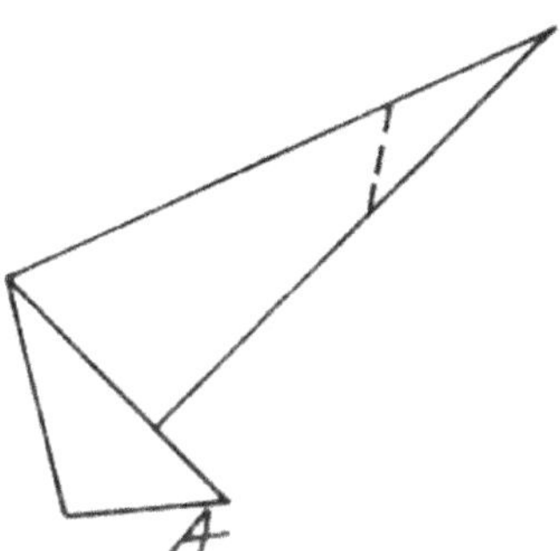

4. Marcar bien el doblez B, echando la punta hacia atrás. Luego abrir el doblez de la punta y recortar por el centro hasta encontrar B. Así se forman las orejas.

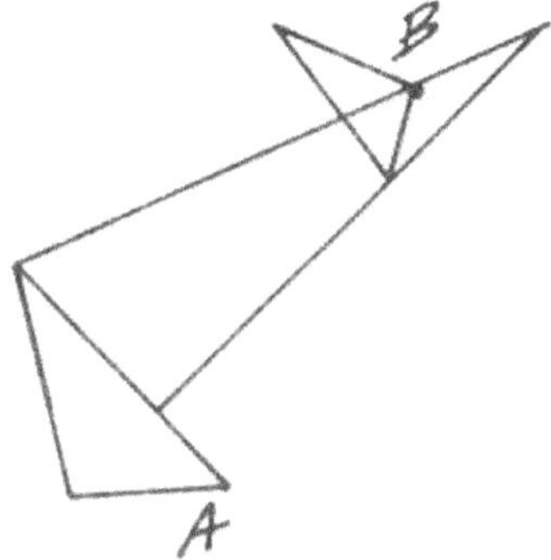

Un pájaro cantor

1. Tomar un cuadrado de papel y
    doblarlo en diagonal.

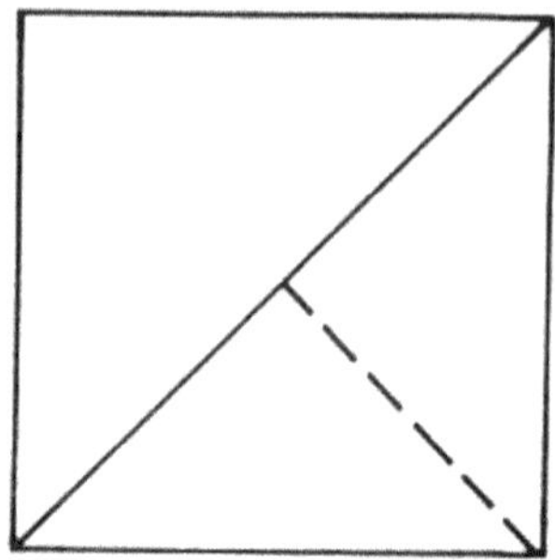

2. Queda formado un triángulo.
    Tomar éste y plegarlo por la
    línea punteada.

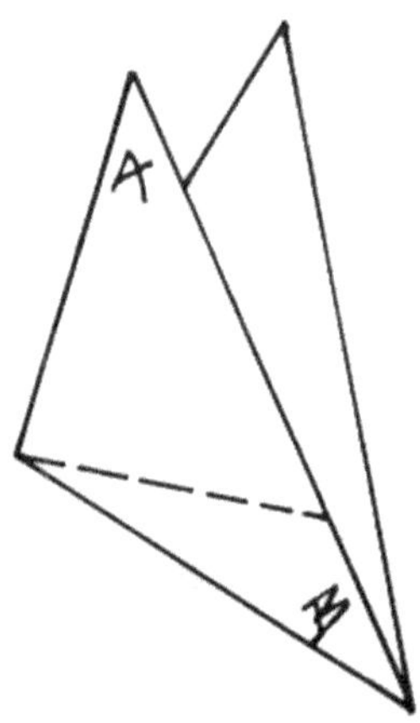

3. Tomar la punta A y plegarla
    hacia abajo por la línea pun-
    teada.

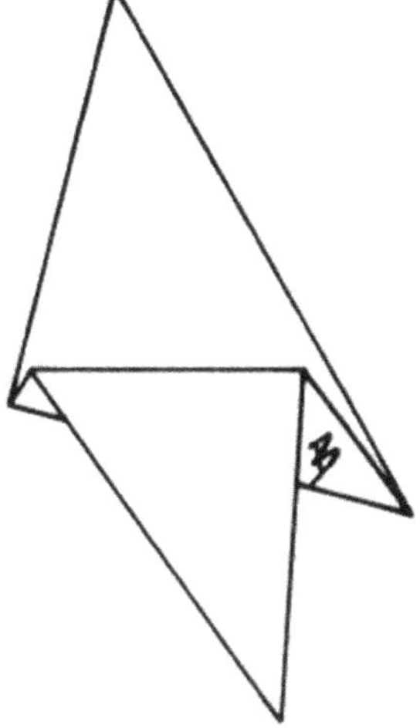

4. Cortar un poquito en B para
    formar la colita.

5. ¡Ya está listo para volar!

La gallina y sus pollitos

1. Sobre un pedazo de papel, colocar la base de un vaso y calcar el círculo.

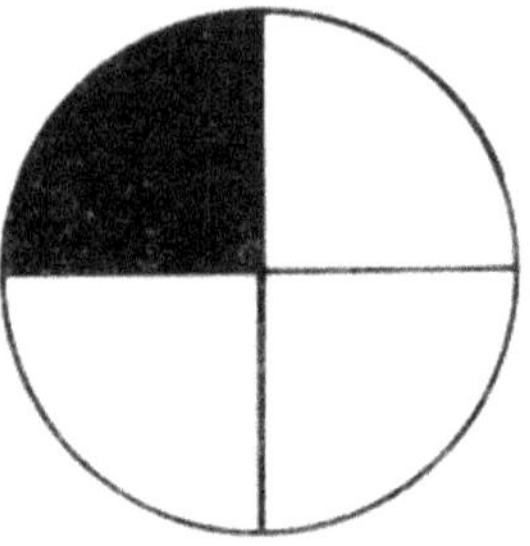

2. Doblar el papel por las líneas punteadas y recortar el cuadrante que está sombreado.

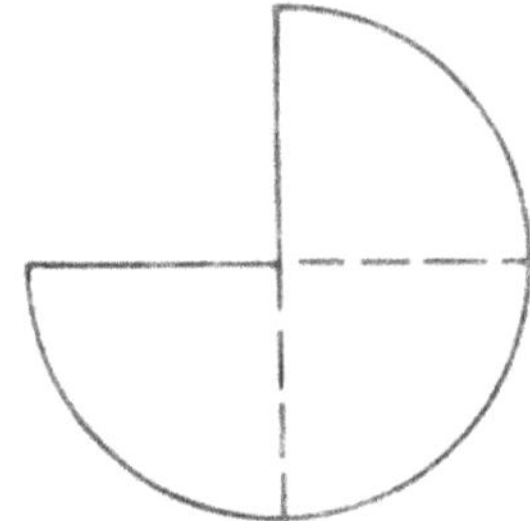

3. Tomar el pedazo de papel que
    forma el cuadrante y recortar
    por la línea punteada para for-
    mar así el pico y el ala.

4. Colocar sobre los 3 cuadrantes
    el pico y las alas.

    Dibujar las patas y la cresta.

    ¡Ya está la gallina!

    Los pollitos se hacen
    en la misma forma,
    pero con un círculo más peque-
    ño.

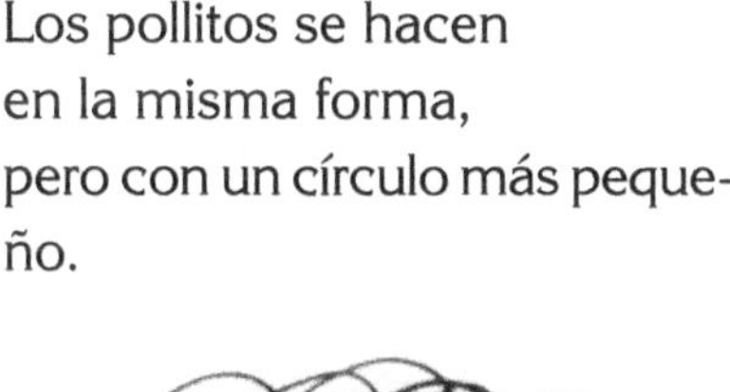

Construyamos casas

1. Recortar un cuadrado de cualquier tamaño.

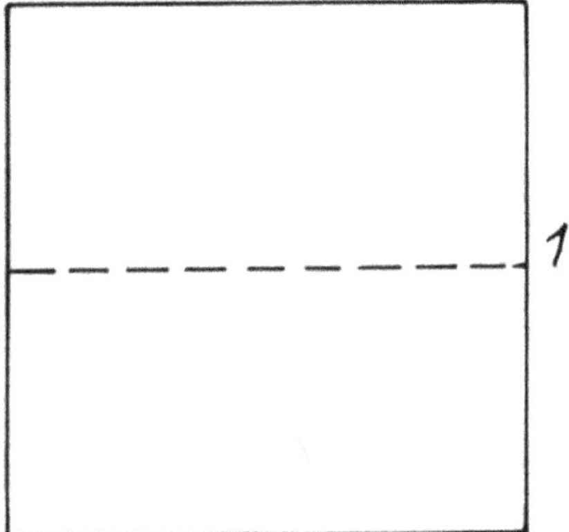

2. Doblarlo horizontalmente por la mitad y colocar la hoja doblada con los bordes hacia abajo. Queda un rectángulo al cual se le marca otro pliegue por la mitad; desdoblar nuevamente.

3. Doblar las dos esquinas hasta encontrar el doblez que acaba de hacer. Marcar bien el pliegue.

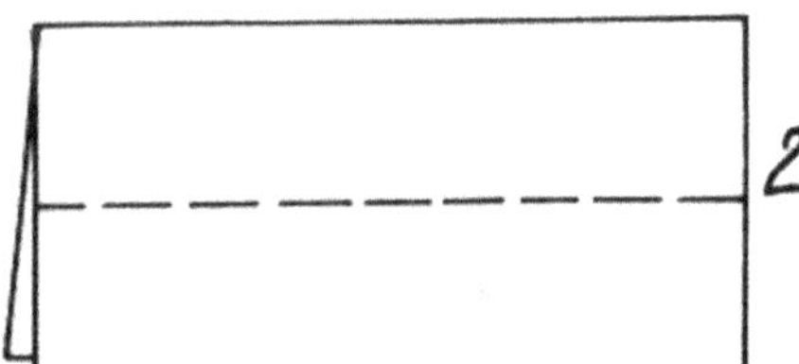

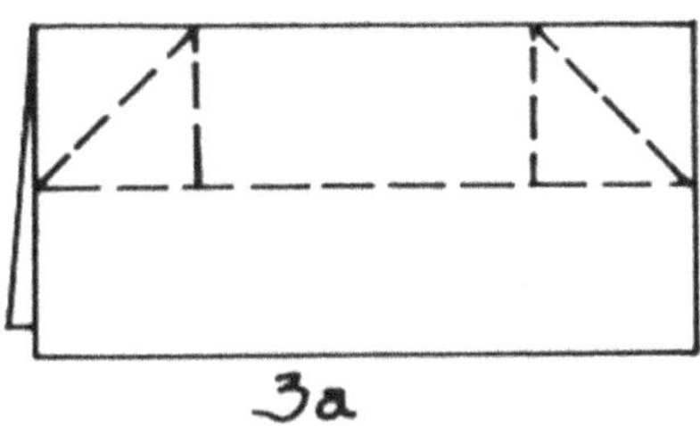

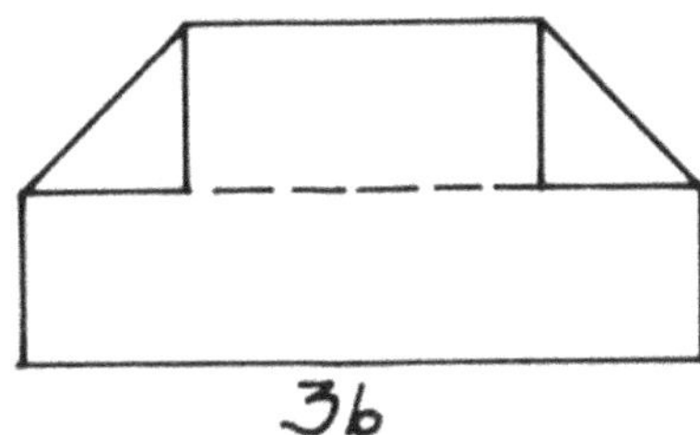

4.   Desdoblar las esquinas otra vez.

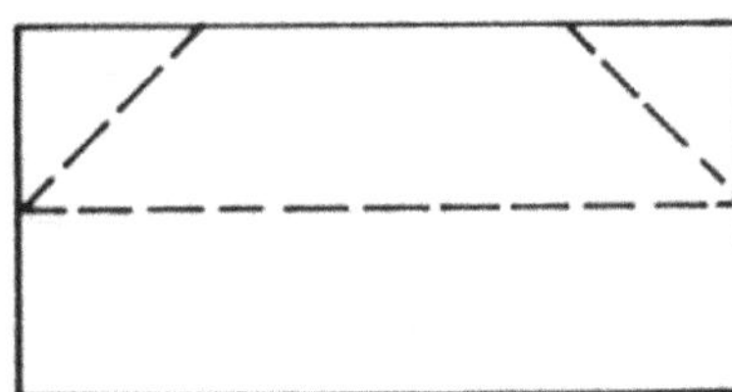

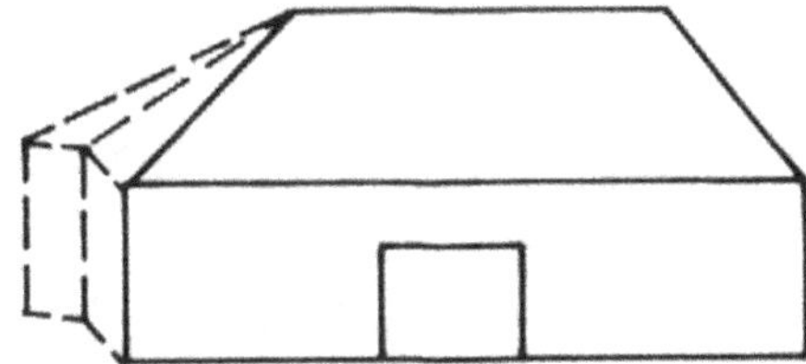

Y doblar los pliegues de las esquinas
hacia adentro.

¡Decorar la casa!.

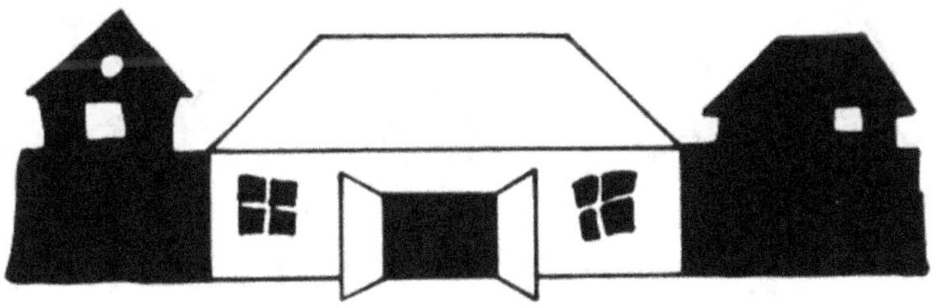

Plegados en red.

Figura Básica N° 1.
Red sencilla.

1. Tomar un cuadrado de 10 x 10. Doblar en forma vertical por la mitad y luego en forma horizontal. Marcar bien los pliegues. Desdoblar.

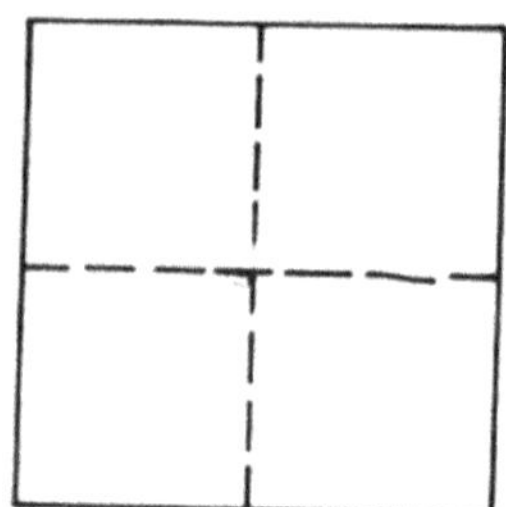

2. Unir las puntas A y D y marcar el pliegue. Desdoblar. Luego unir B con C y marcar pliegue. De esta manera se logran los pliegues diagonales.

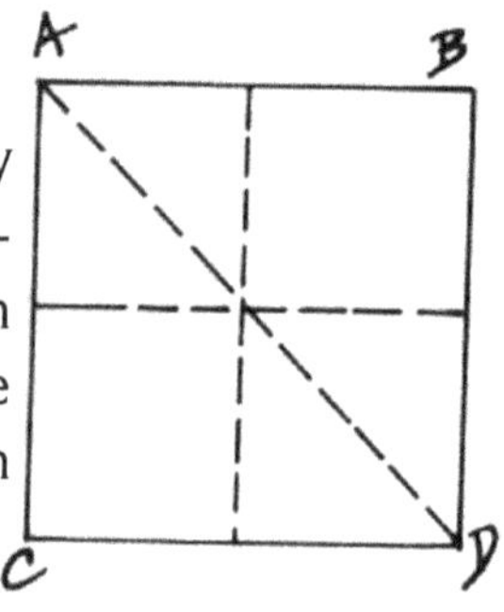

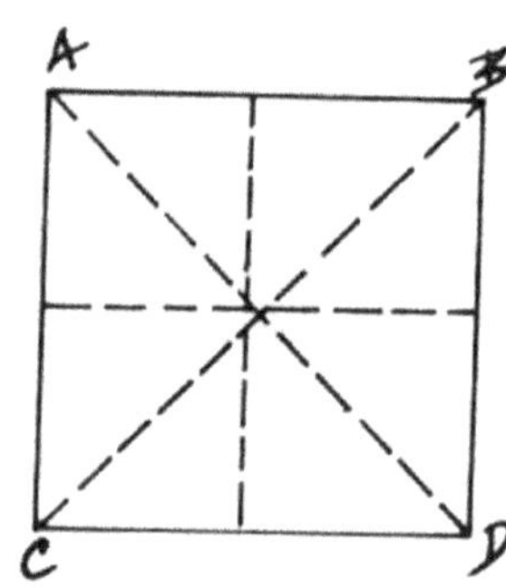

3. Doblar las puntas C y D sobre E y F respectivamente. Desdoblar.

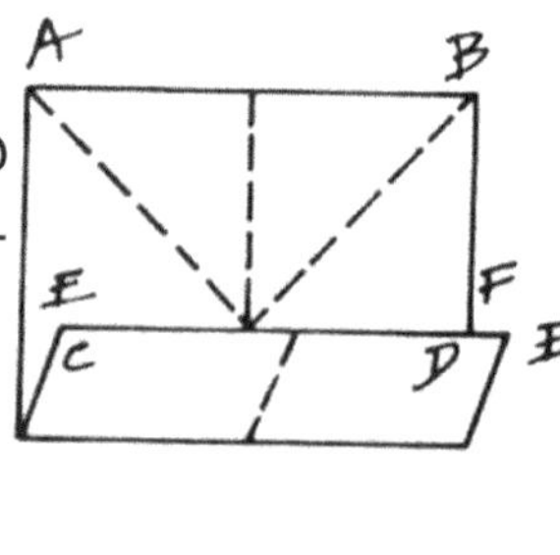

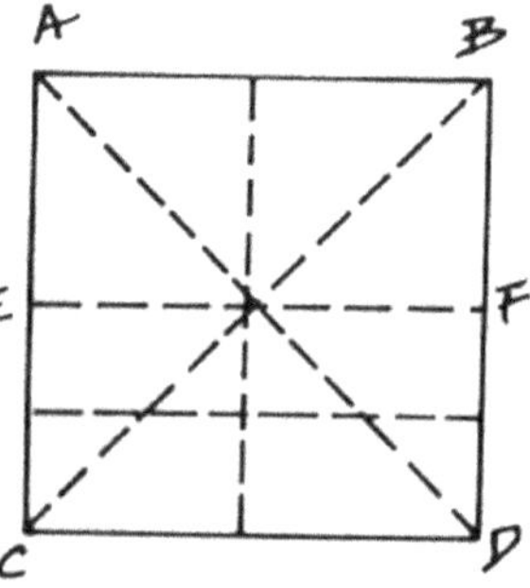

4. Doblar las puntas A y B
    sobre E y F respectiva-
    mente. Desdoblar.

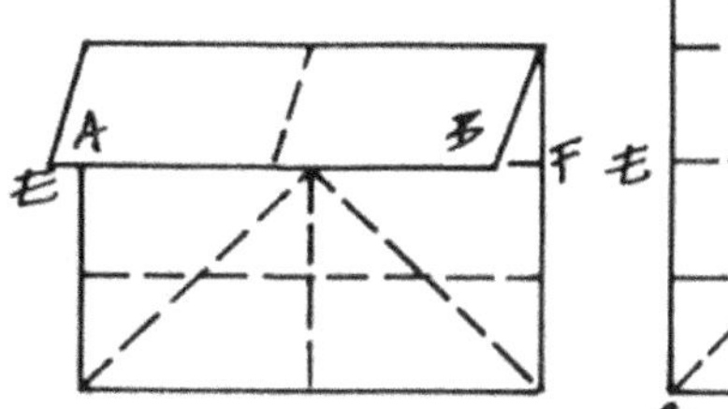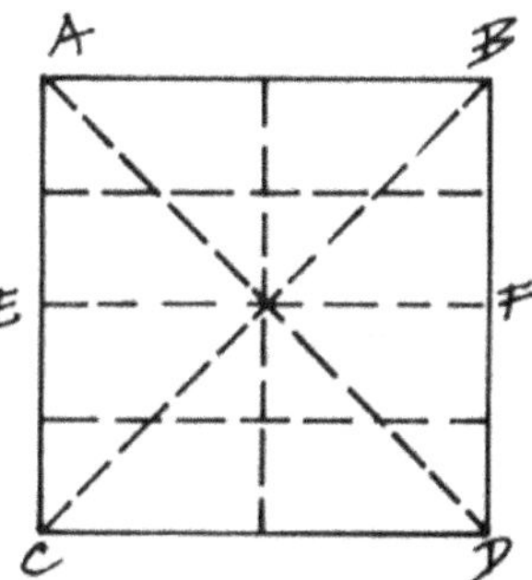

5. Doblar las puntas A y
    C sobre G y H. Desdo-
    blar.

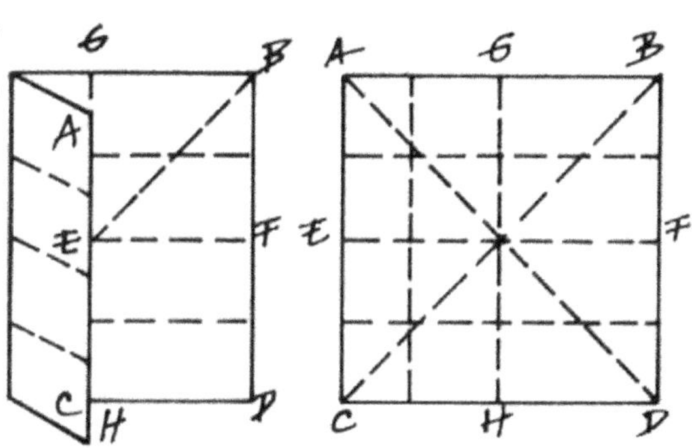

6. Doblar las puntas B y
    D sobre G y H. Marcar
    bien el pliegue y desdo-
    blar.

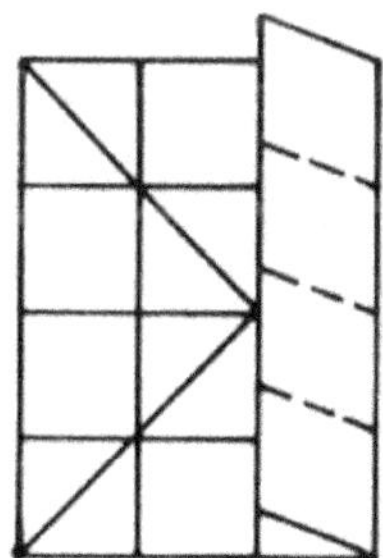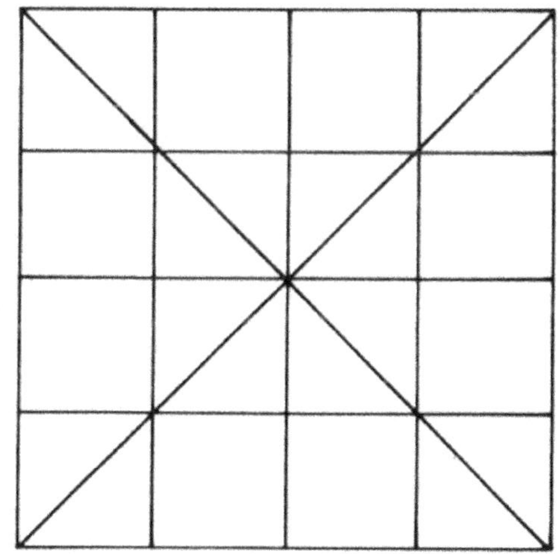

Elaboremos un sobre

El sobre es aplicación de la red sencilla.

Veamos:

1. Tomar un cuadrado de 15 cms x 15 cms; marcar en él la red sencilla que muestra la figura.

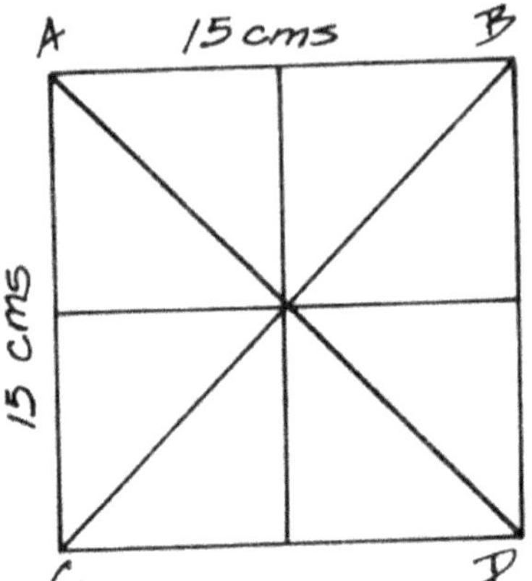

2. Doblar las puntas A, B y C hasta juntarlas en el punto O.

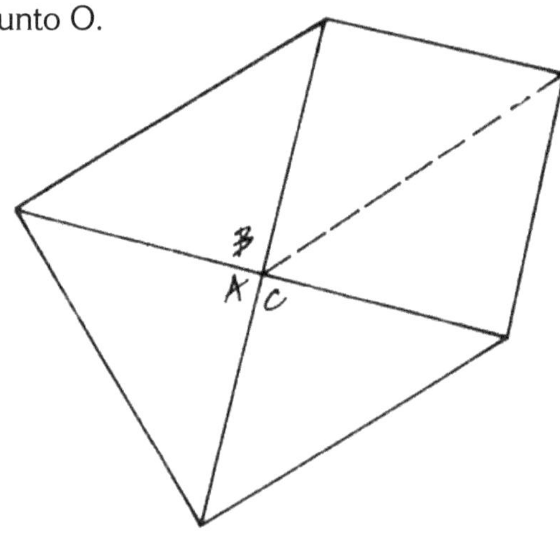

3.	Darle la vuelta y aparece el sobre.

Pegar las tres puntas con una calcomanía o una cinta pegante. Por el otro lado escribir el destinatario y ponerle una estampilla.

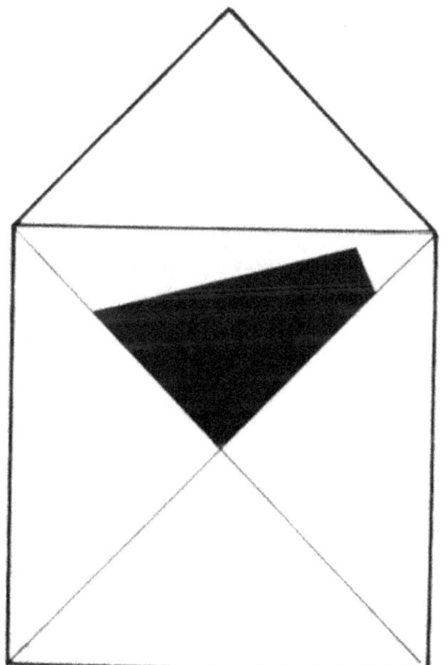

El Cisne

Figura Básica N° 2
Contradoblez

1.   Tomar un cuadrado de papel de 12 x 12cms y hacer un pliegue diagonalmente. (A y B)

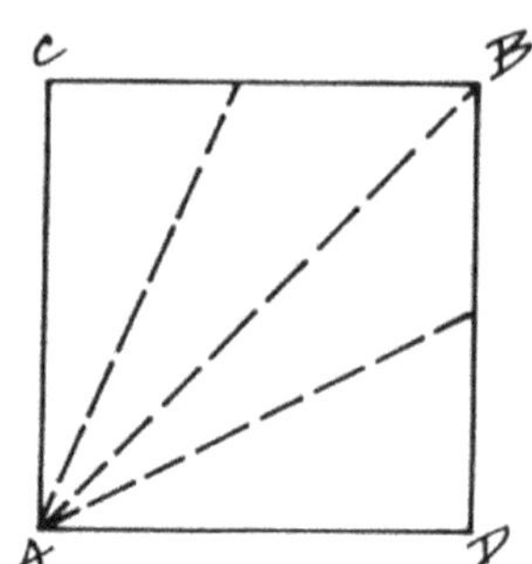

2.   Llevar los puntos C y D hacia el centro hasta encontrar el pliegue diagonal.

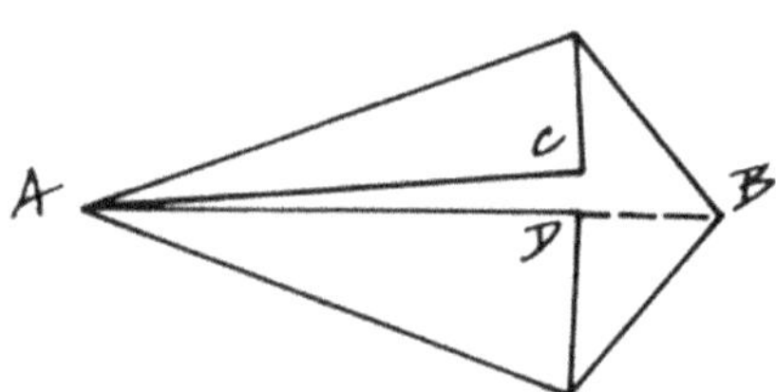

3.   Doblar los lados hacia adentro.

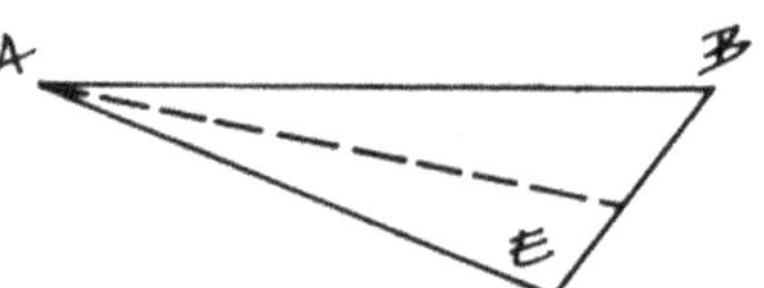

4.   Doblar por la línea marcada y llevar hacia arriba la punta E. Hacer lo mismo por el lado de atrás.

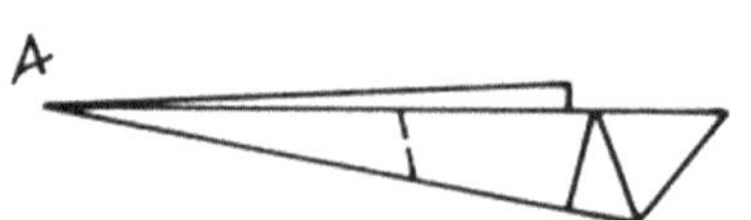

5. Doblar el extremo izquierdo A por la marca hacia arriba y desdoblarlo otra vez.

6. Abrir la forma desde abajo sobre el nuevo doblez y doblar hacia arriba la parte izquierda.

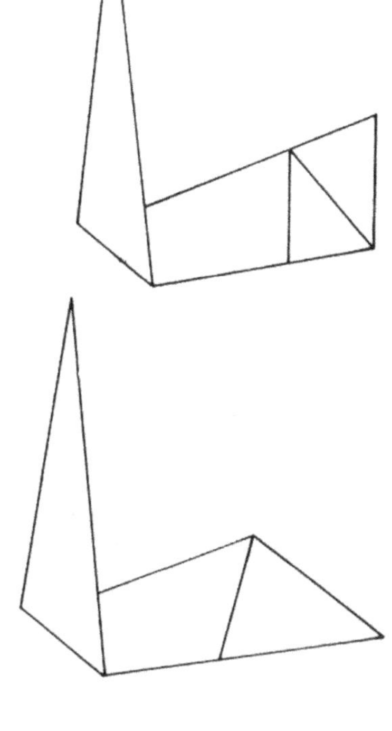

7. Doblar la punta hacia la izquierda por la línea marcada. Luego desdoblar y abrir la forma sobre el nuevo doblez.

   Para hacer la cola tirar un poco hacia arriba de la punta, apretar en el medio hacia adentro y doblar.

   ¡El cisne está listo para nadar!

Red doble

Figura Básica N° 3

1. Tomar un cuadrado de 10 x 10 cms. Partir de la red sencilla que muestra la figura.

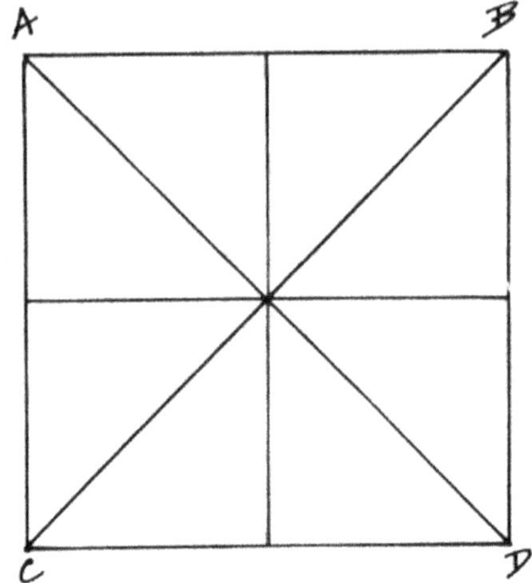

2. Doblar las puntas A, B, C y D, sobre el punto O.

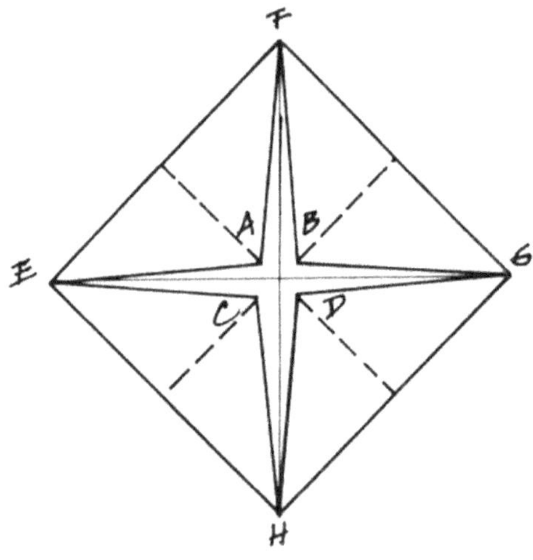

3. Voltear la figura y doblar las puntas E, F, G y H hacia el centro.

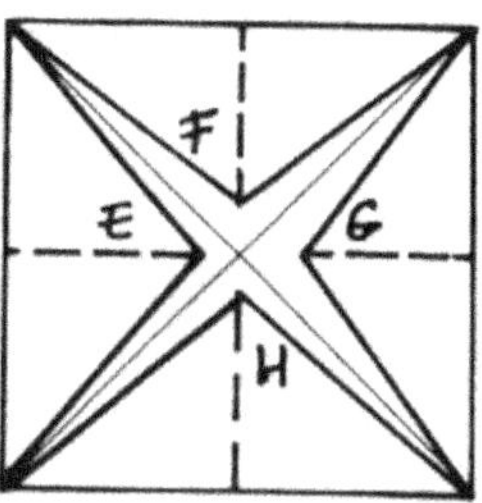

4. Doblar una vez más las esquinas hacia el centro y se obtiene la forma básica Nº 2 que servirá para hacer las figuras de las siguientes páginas.

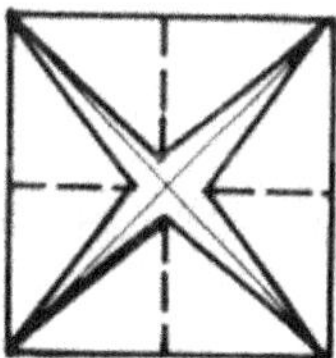

Corona y cama

1. Desarrollar la forma básica N° 3; colocar el anverso hacia arriba.

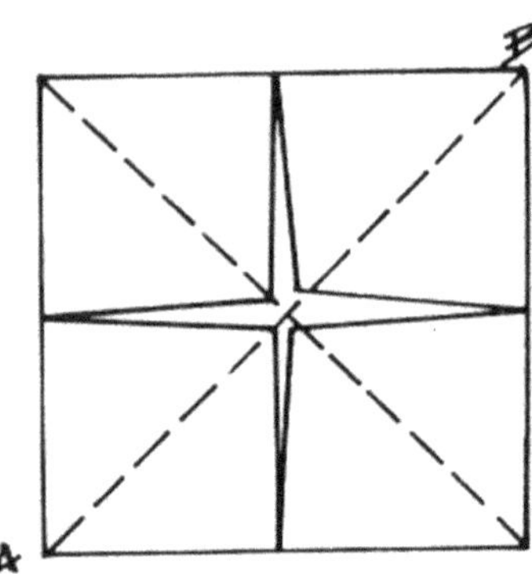

2. Doblar la figura horizontalmente y marcar bien el pliegue.

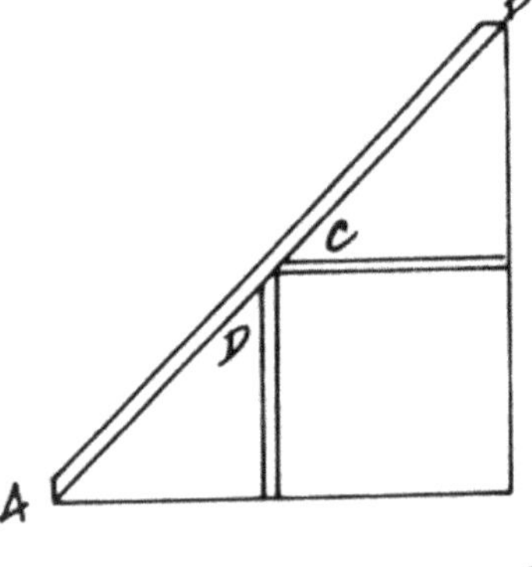

3. Desdoblar nuevamente.

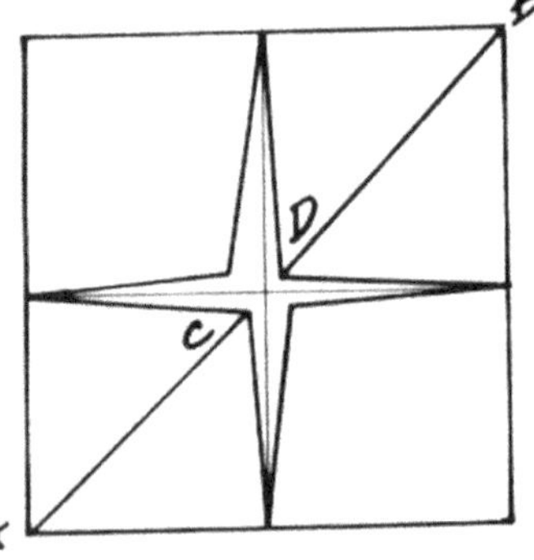

4. Sacar las puntas C y D hacia arriba.

   ¡Aparece la corona!

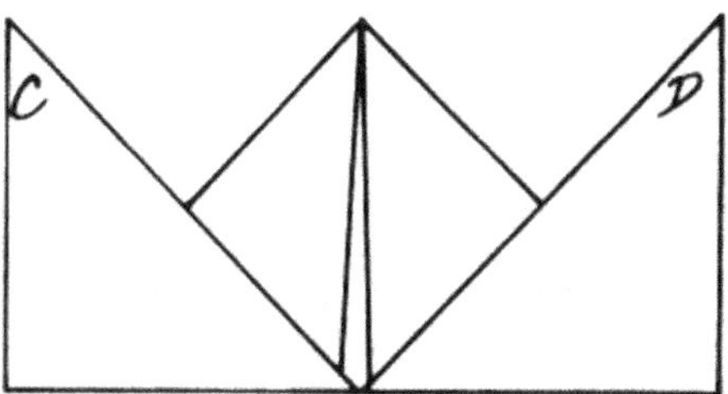

5. Si se desea formar una cama, doblar las alas del medio hacia adentro.

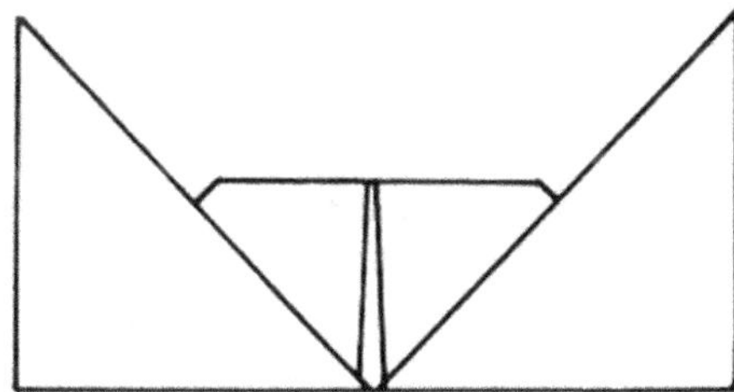

Figuras con el rectángulo

A partir del rectángulo, también pueden crearse figuras como el sombrero y el barquito.

EL SOMBRERO.

1. Tomar un rectángulo de 15x10cm.

2. Plegar éste vertical y horizontalmente por la mitad como lo muestra la figura.

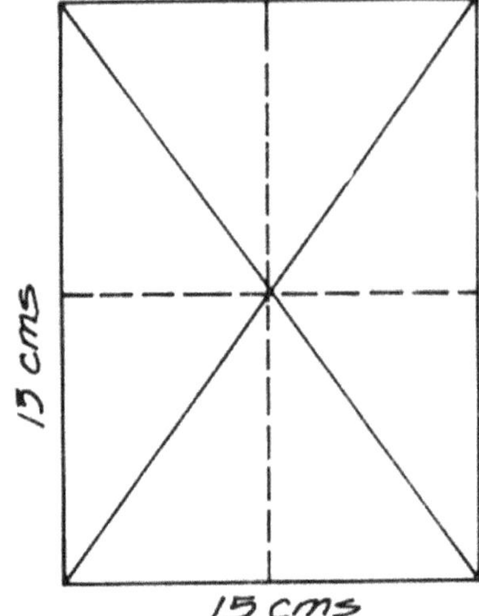

3. Doblar luego el rectángulo por la mitad y a lo largo.

    Colocamos el papel con los bordes hacia abajo.

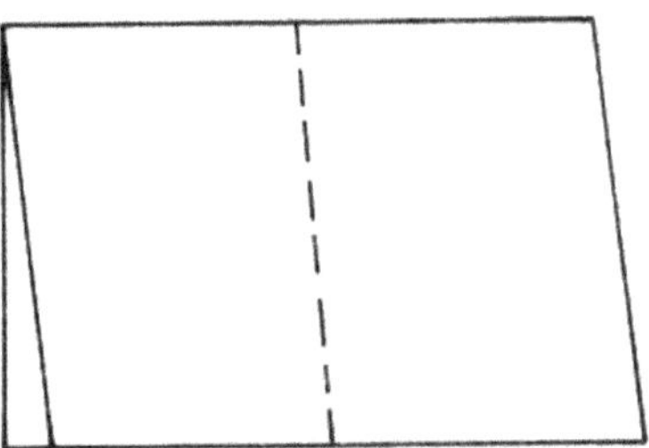

4. Doblar las esquinas superiores contra el doblez vertical del medio.

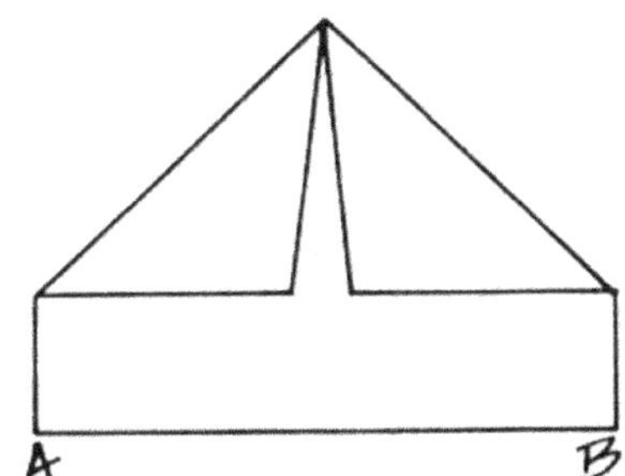

5. Plegar las puntas A y B hacia arriba. Voltear la figura y hacer lo mismo con A' y B'.

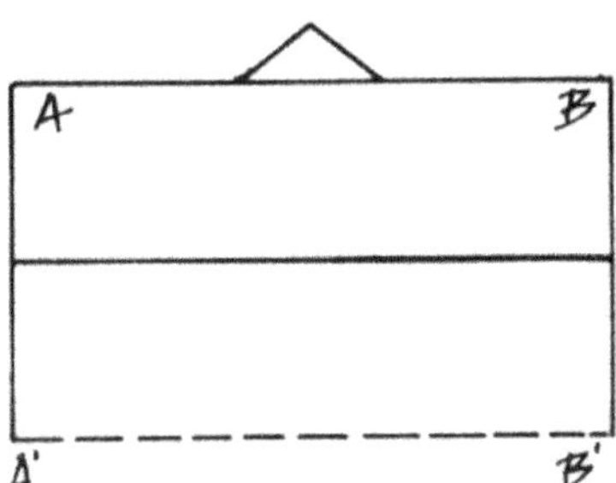

6. Abrir la figura y doblar los puntos A y B sobre los puntos A' y B'.

    ¡Y listo el sombrero!

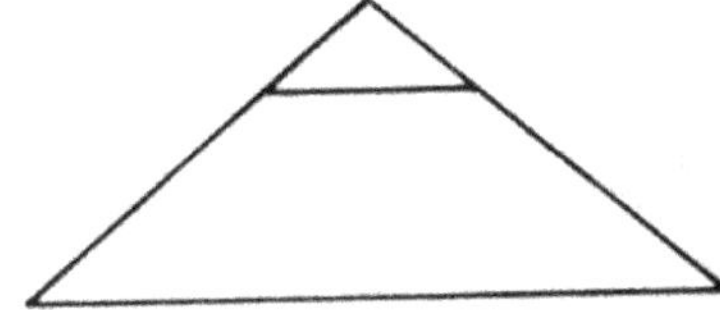

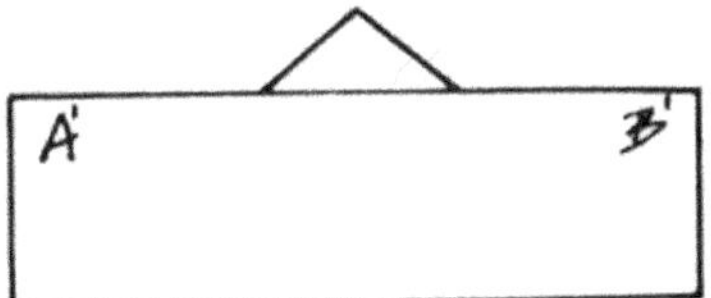

El barquito

1. Ya hecho el sombrero, partir de él para continuar con el barco.

2. Abrir el sombrero y juntar las puntas A y B.

3. Plegar hacia arriba la punta A sobre el punto O. Hacer lo mismo con la punta B, que está por debajo.

4.   Unir ahora las puntas C y D por
     abajo.

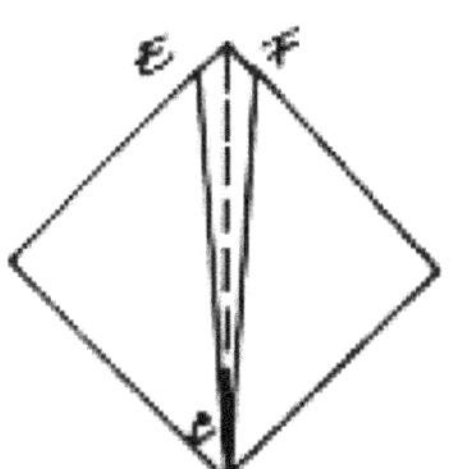

5.   Abrir E y F y halar bien hacia
     afuera. Alisar bien los plie-
     gues.

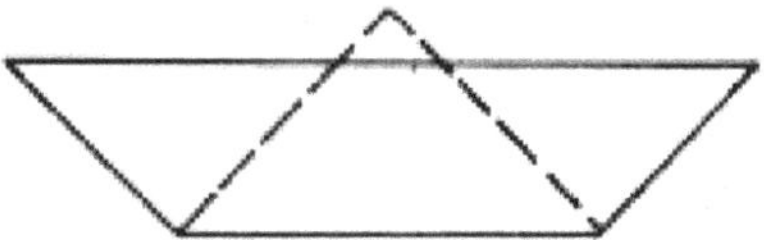

6.   Abrir con el dedo por debajo y
     poner a flotar el barquito.

Red compuesta

Figura Básica N° 4

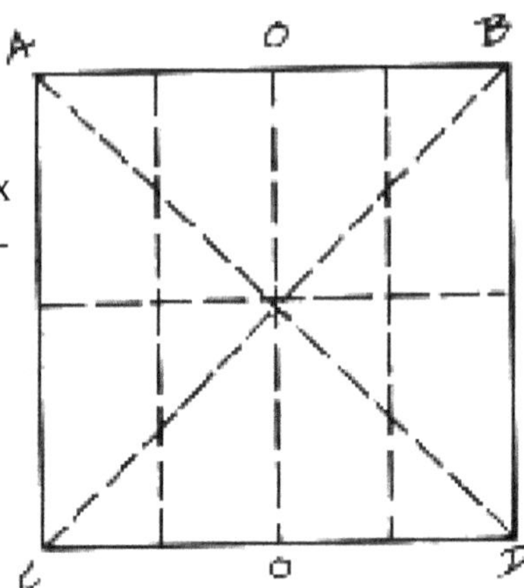

1. Recortar un cuadrado de 15 x 15 cms. Plegarlo como muestra la figura.

2. Doblar las puntas A y B, C y D sobre la línea vertical O.

3. Doblar el lado superior e inferior haciéndolos coincidir con la línea media horizontal E. Desdoblar.

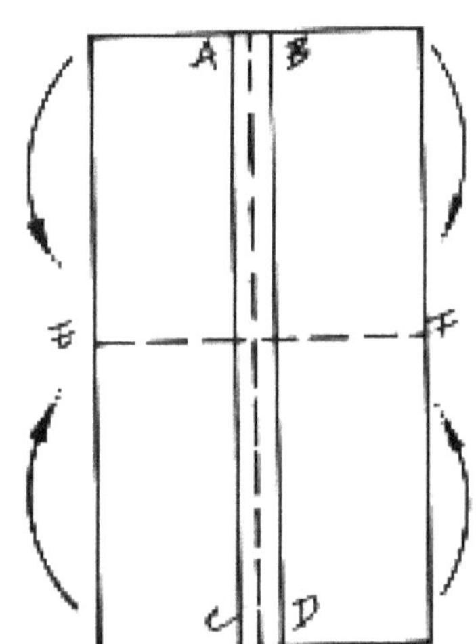

4. Marcar bien los pliegues que indican las líneas auxiliares, primero hacia la derecha y luego hacia la izquierda.
(Figuras A y B).

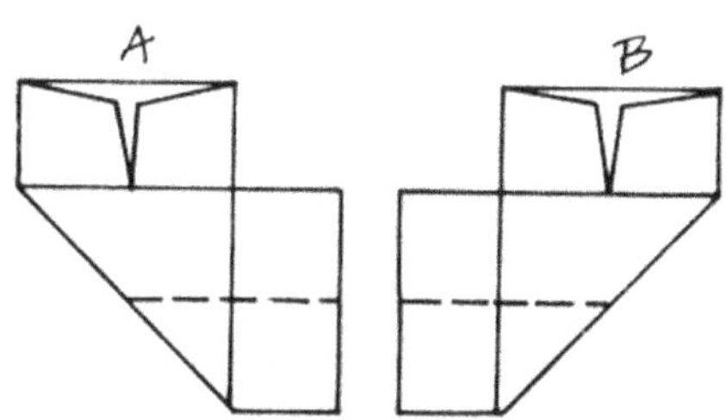

5. Desdoblar este pliegue. Tomar la figura por la mitad entre los dedos índice y corazón.

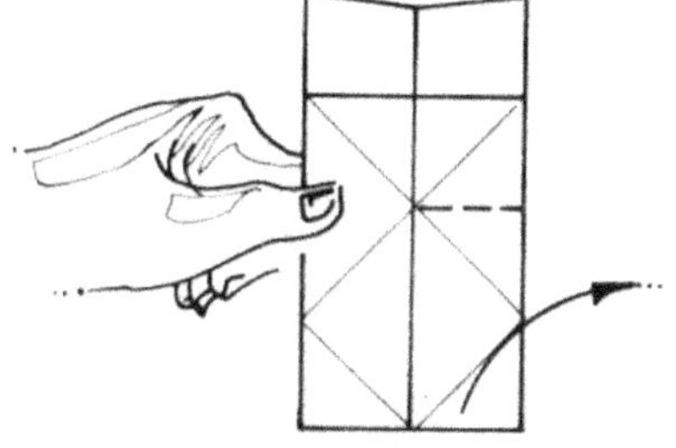

6. Con la otra mano, levantar las esquinas M y N hacia afuera, haciendo coincidir el lado inferior de la figura con la línea central horizontal. (S)

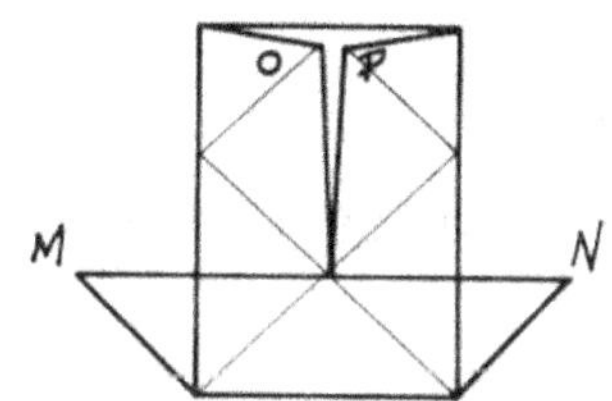

7. Tomar las puntas O y P y tirarlas hacia afuera. Hacer coincidir el lado superior de la figura con la línea central horizontal (S).

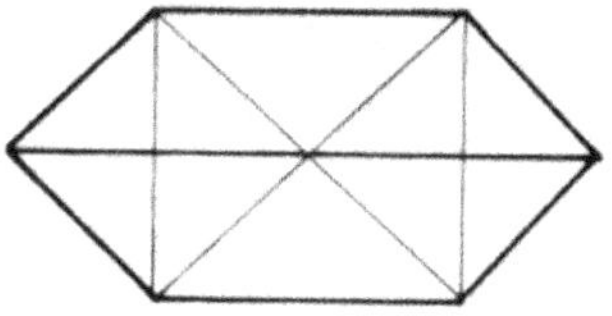

El molinete

1. Empezar con la figura básica
   N° 4.
   (página anterior)

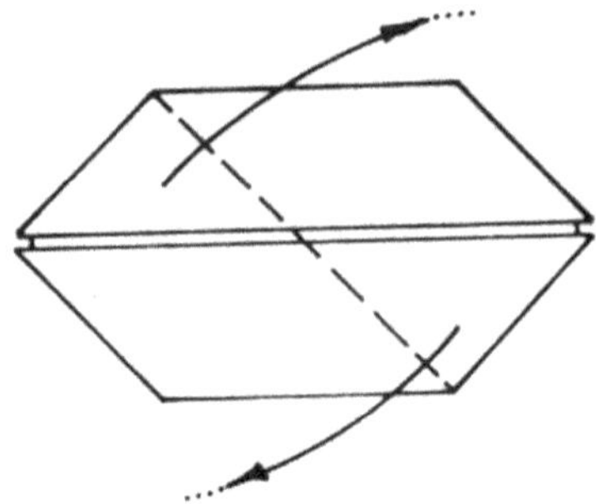

2. Doblar la punta superior izquierda hacia arriba y la punta
   inferior derecha hacia abajo.

   ¡Quedó hecho el molinete!

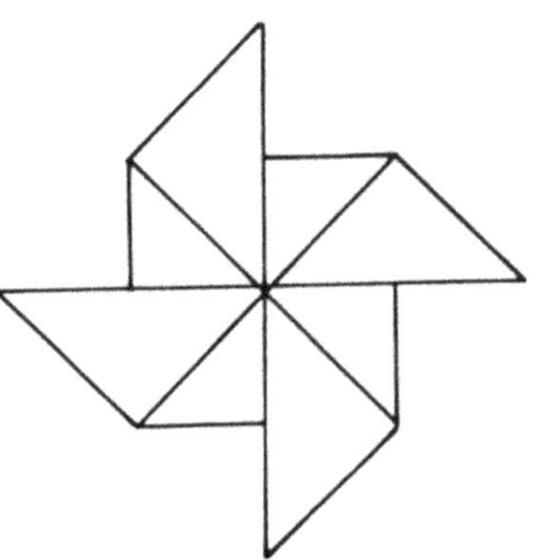

3.   Clavar el molinete con un alfiler
     a un palito. Soplar o correr. Se
     divertirá viéndolo dar vueltas.

Hagamos un adorno: La roseta

Se recomienda papel silueta para hacer este adorno.

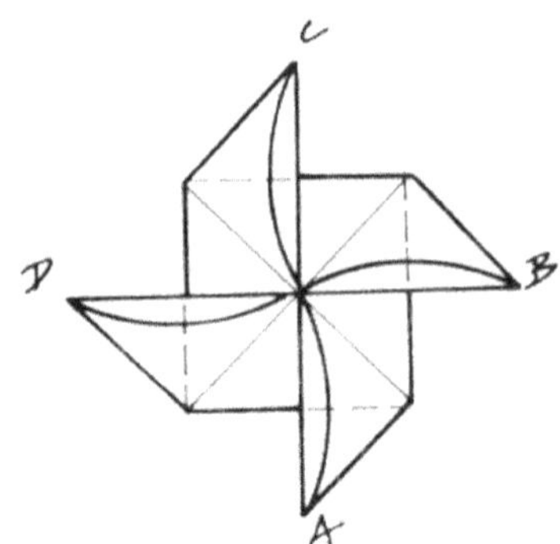

1. El punto de partida es el molinete. (Ver página anterior).

2. Levantar hacia arriba la punta A y abrirla.

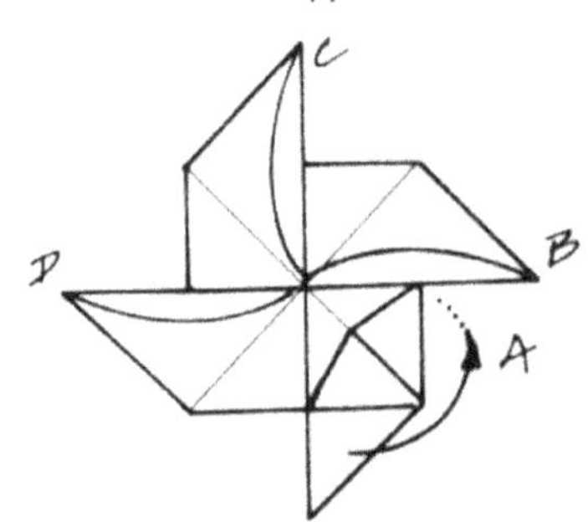

3. Aplastarla y doblarla. Repetir lo mismo con las puntas B, C y D.

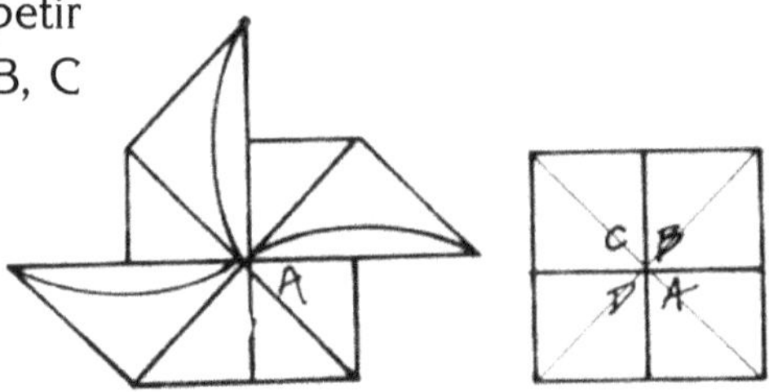

4. Doblar los lados interiores de cada cuadrado pequeño, por donde lo indican las líneas auxiliares. Hacerlos coincidir con el doblez de la mitad.

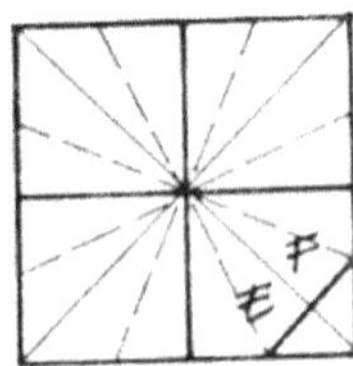

5. Levantar perpendicularmente el doblez E, abrirlo, doblar la punta sobre él. Tomar el doblez F y hacer lo mismo (ver G en la figura). Repetir lo mismo con los otros tres cuadrados.

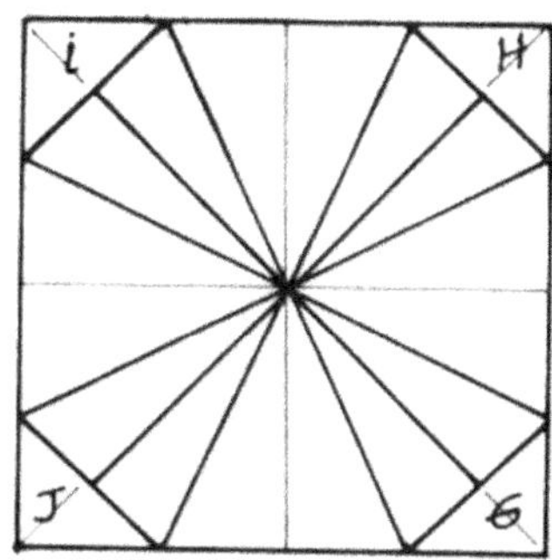

6. Doblar hacia atrás las cuatro esquinas, siguiendo la línea punteada.

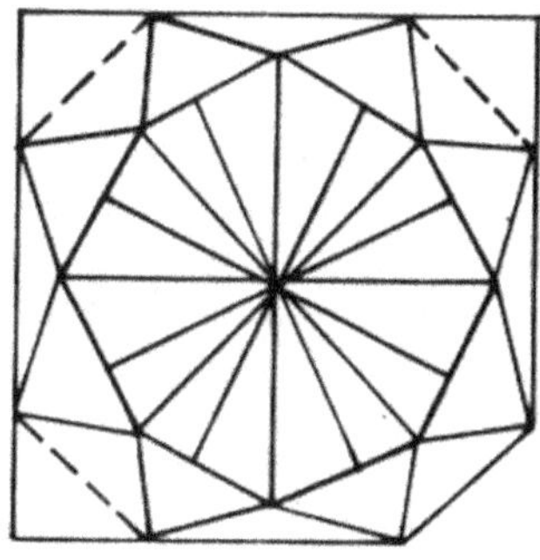

7. Tapar las puntas levantadas que están en la mitad. Pegar una cinta de colores.

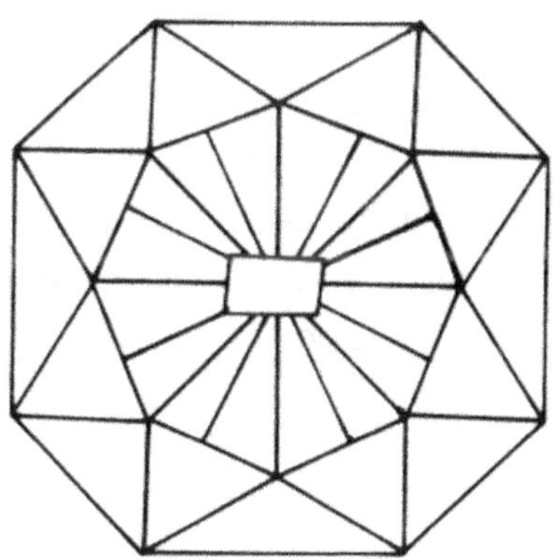

Peces de colores

1. Tomar un cuadrado de papel de diferente color por cada lado, de 8 x 8 cms. (Si es blanco poner color por un lado.) Doblarlo como muestra la figura.

2. Doblar la esquina A sobre el punto O.

3. Dar la vuelta al doblez esquinero haciendo que quede por detrás. A partir de aquí se trabaja como en la figura básica 4.

4. Doblar el lado derecho e izquierdo, sobre la línea media del cuadrado, haciéndolos coincidir; después doblar el lado superior e inferior sobre la línea media horizontal.

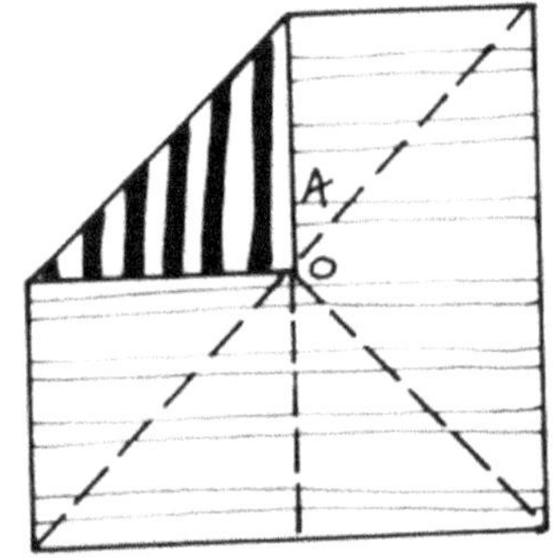

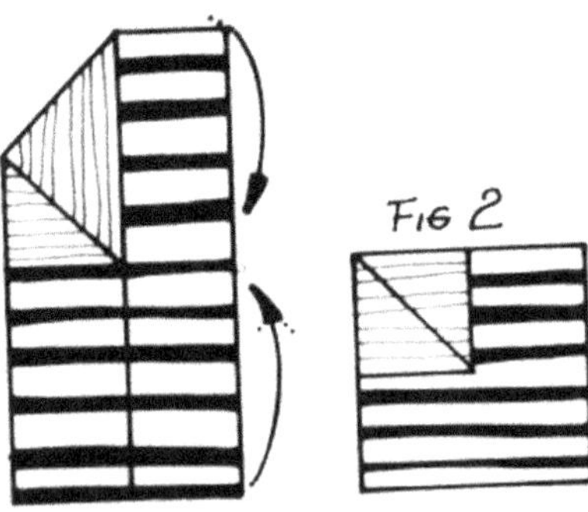

5. Deshacer los dobleces de la figura 2.

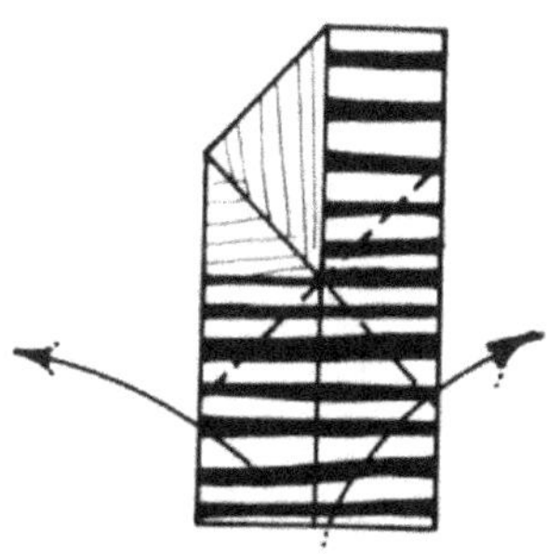

6. Por las líneas auxiliares que están en negrita doblar las esquinas inferiores, primero hacia la derecha y luego hacia la izquierda.

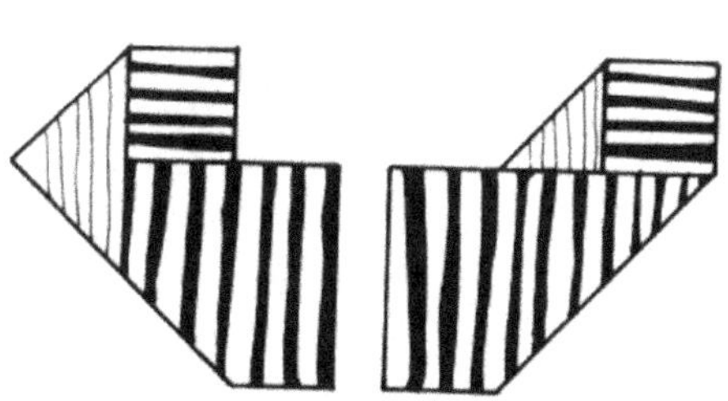

7. Deshacer estos dobleces. Levantar las esquinas inferiores A y B y tirar hacia afuera.

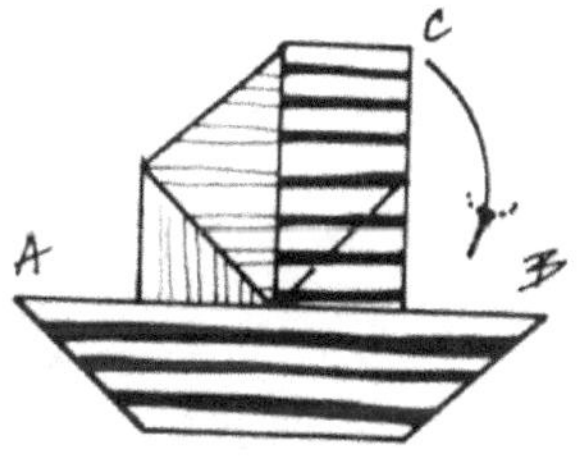

8. Tirar la punta superior C hacia abajo y afuera, haciéndola coincidir con la línea central horizontal.

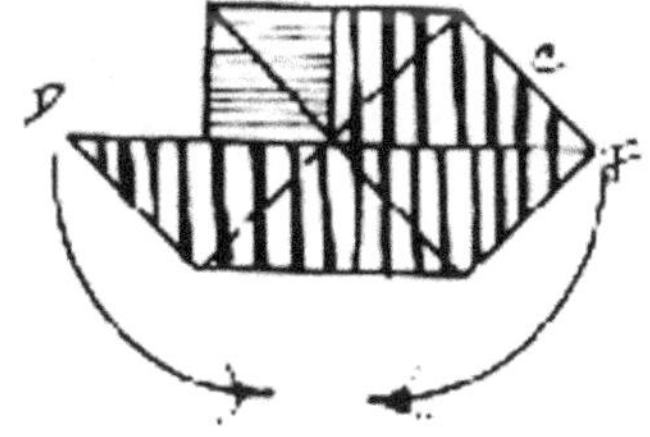

9. Unir las puntas D y F sobre la línea del centro.

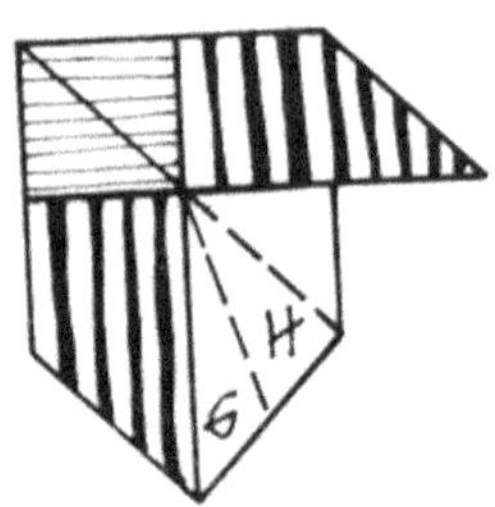

10. Colocar la punta G sobre H doblando por la línea punteada, hacia la derecha.

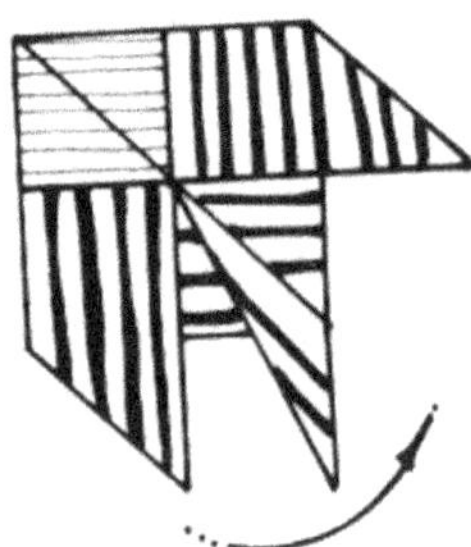

Flor de loto

1. En una hoja de papel de oficio trazar dos círculos geométricos de 10 cms y 5 cms de radio. Trazar 4 diámetros que subdividen el círculo en 8 partes iguales.

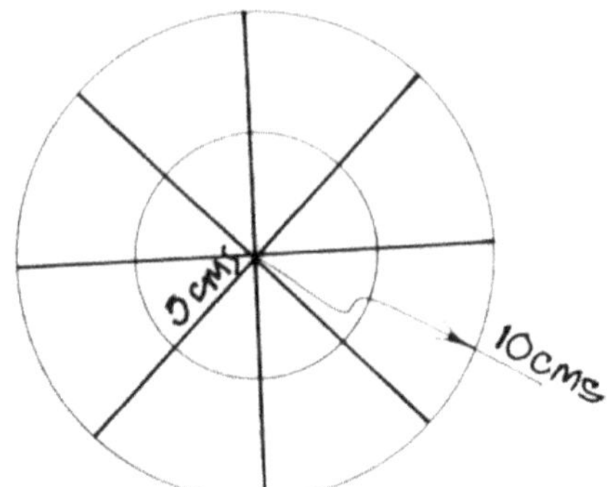

2. Marcar el centro de cada arco del círculo interior y unir este punto con los extremos de los diámetros.

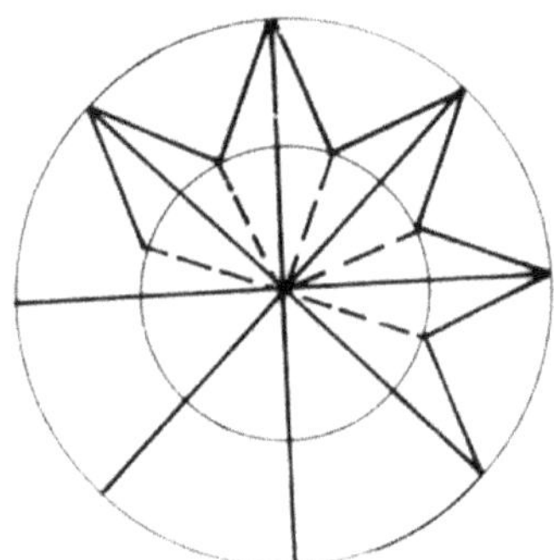

3. Recortar la estrella resultante.

4. Cada una de las puntas se plie-
    gan hacia adentro, se colorea la
    parte interior y las puntas como
    si se tratara de una flor.

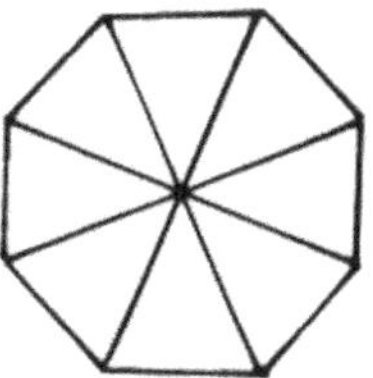

5. En una vasija con agua colocar
    el plegado de tal manera que
    las puntas quede hacia arriba.

Flor del campo

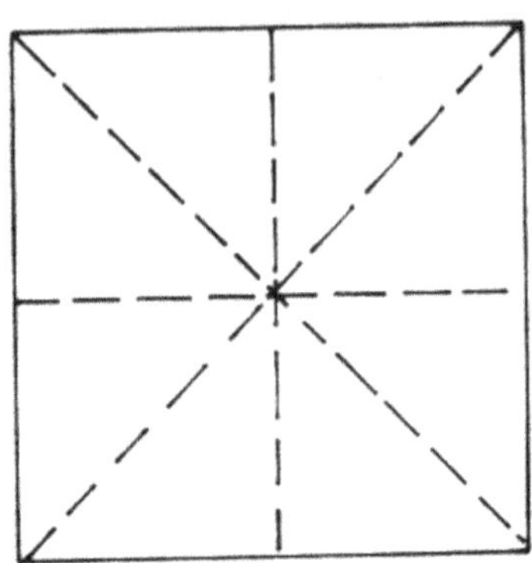

1. Tomar un cuadrado de 15 x 15 cms y plegar por las líneas que muestra la figura.

2. Doblar por la diagonal A B para obtener un triángulo.

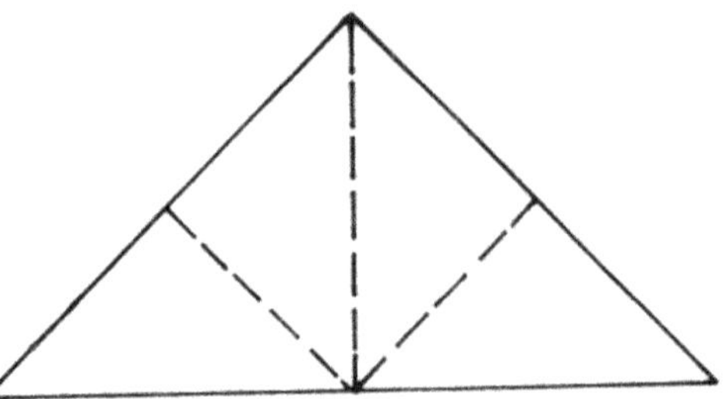

3. Doblar ahora las puntas A y B sobre C y E.

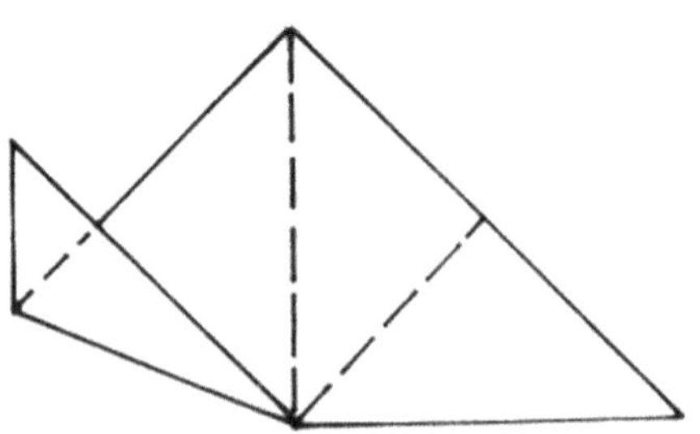

4. Recortar las puntas por la línea punteada.

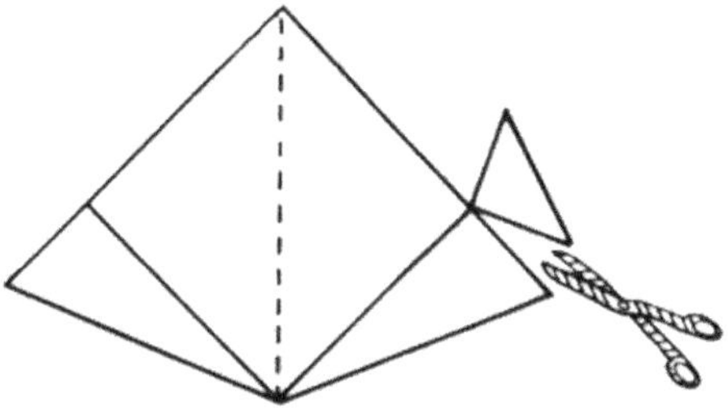

5. Abrir la figura y doblarla por la línea punteada D, F; repetir el mismo procedimiento de los pasos 3 y 4.

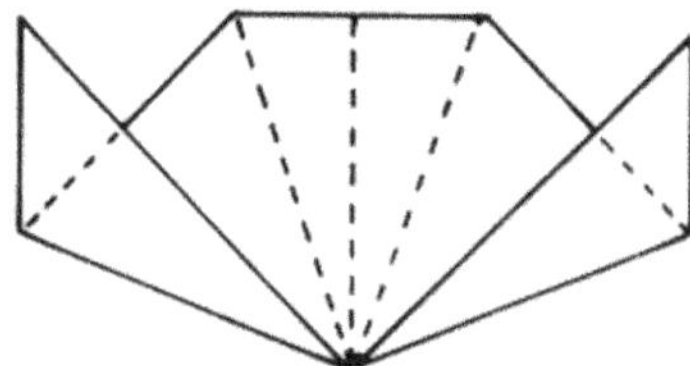

6. Abrir el plegado.

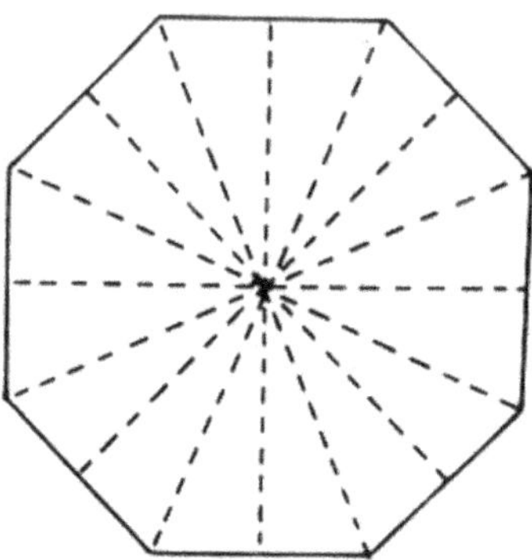

7. Doblar el borde inferior H I sobre la línea media del centro D. Marcar bien el pliegue. Desdoblarlo.

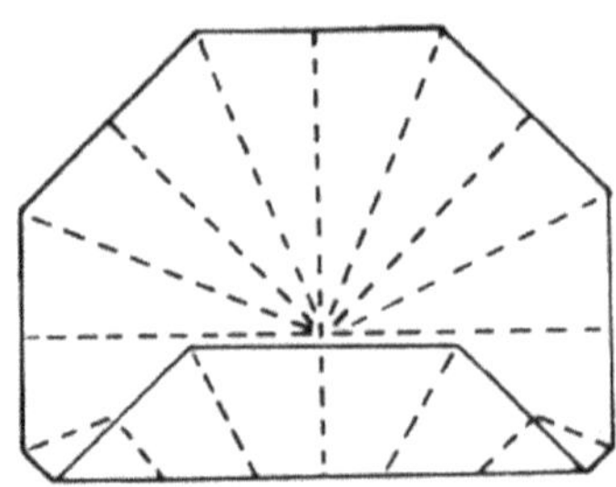

8. Continuar plegando de esta manera hasta obtener la siguiente figura.

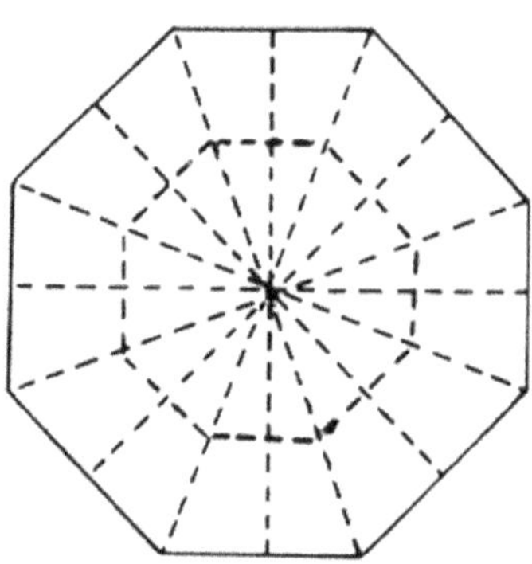

9. Plegar hacia afuera cada una de las ocho esquinas.

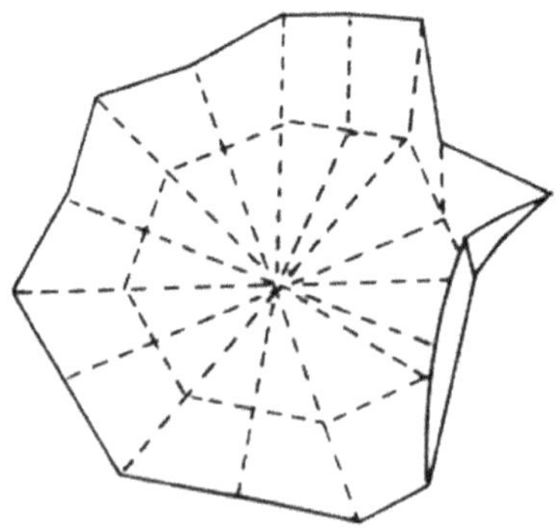

10. Proseguir como lo indican las siguientes figuras.
    Doblar cada esquina y montarla sobre la siguiente, tal como lo muestran las figuras O y P.

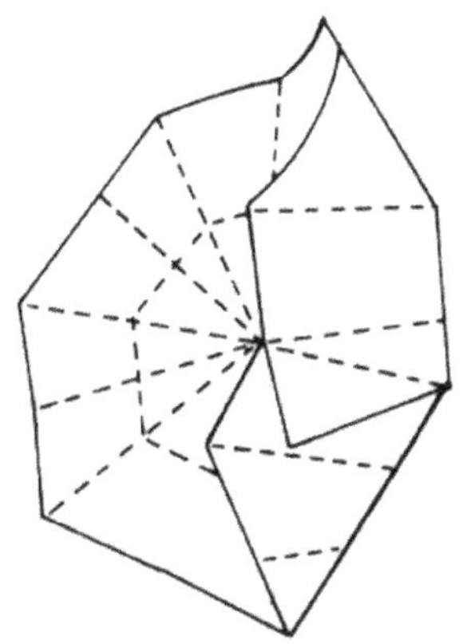

11. Ya está hecha la flor. Puede colorearse como quiera.

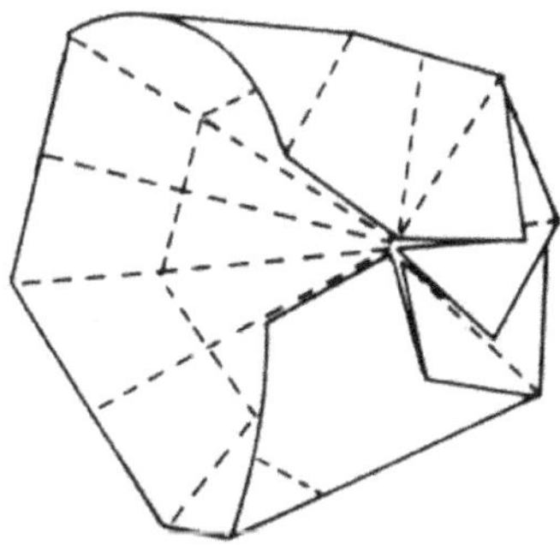

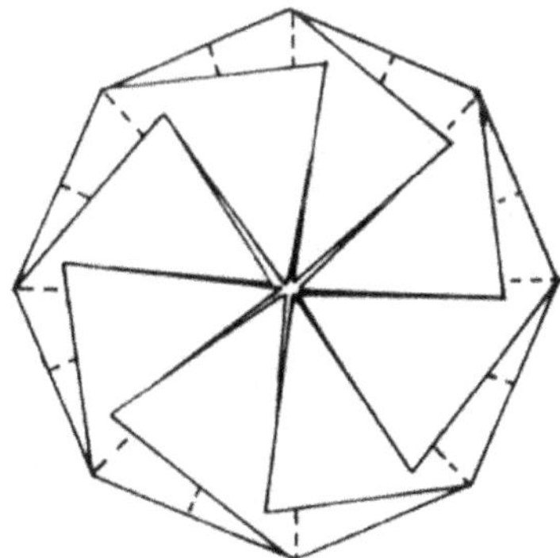

Cajitas decoradas

1. Recortar un cuadrado de cartulina 40x40 cms. Cuadricularlo con lápiz y sombrearlo como lo muestra la figura A.

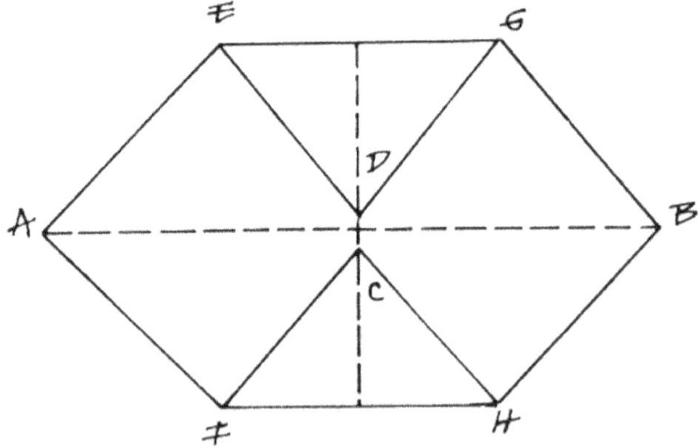

2. Plegar hacia el centro los vértices A y B.

3. Doblar nuevamente E y F - G y H sobre la línea vertical media.

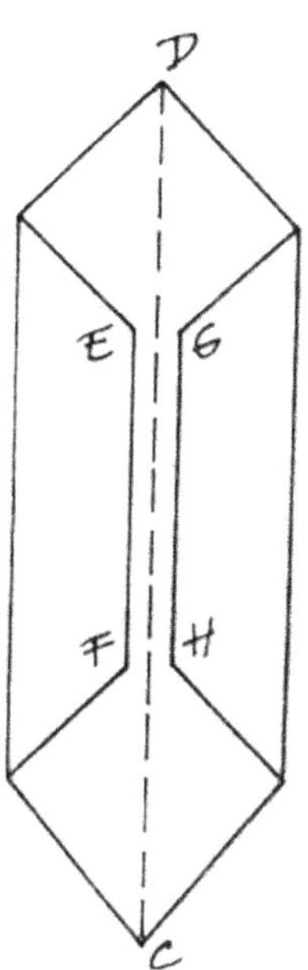

4. Desplegar completamente y hacer ahora la misma operación con los vértices C y D. Hacer los dobleces como lo indica la figura, lo mismo que los cortes (1,2) (3,4) (5,6) (7,8).

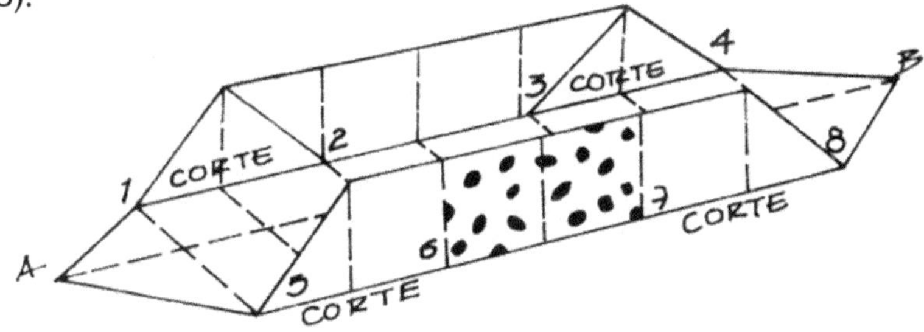

5.   Hacer los dobleces indicados
     en la figura siguiente.

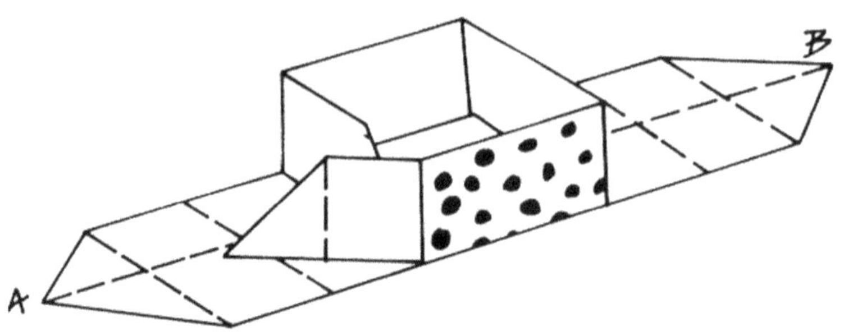

6.   Levantar los extremos A y B
     y pegar como lo muestra la
     figura.

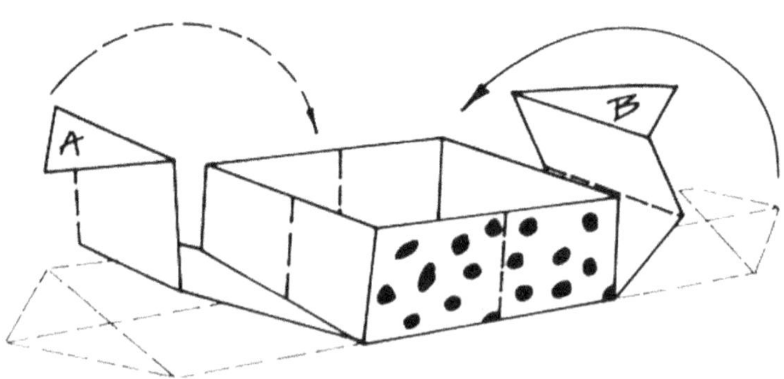

7. Así se obtiene la tapa de la caja. Decorarla con recortes o con dibujos.

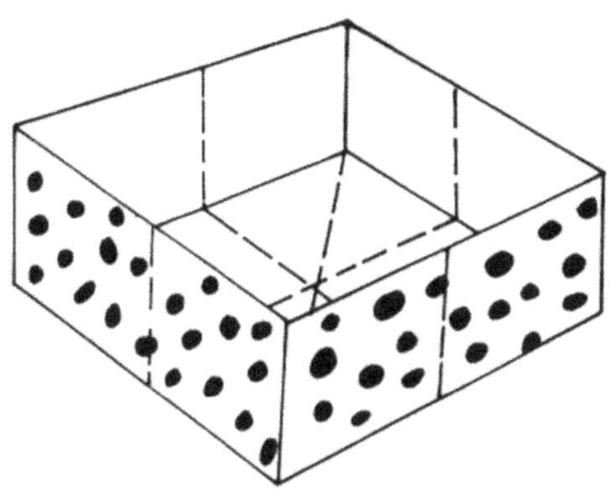

8. Tomar ahora un cuadrado de cartulina de 39 x 39 cms. Realizar el mismo trabajo pero sin decorar. Cuando se tenga lista, introducir una mitad dentro de la otra.

   ¡Y ya está la caja de regalo!

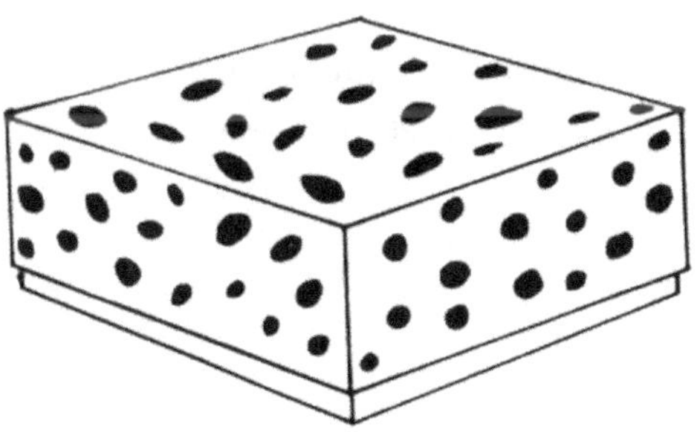

El cochinito

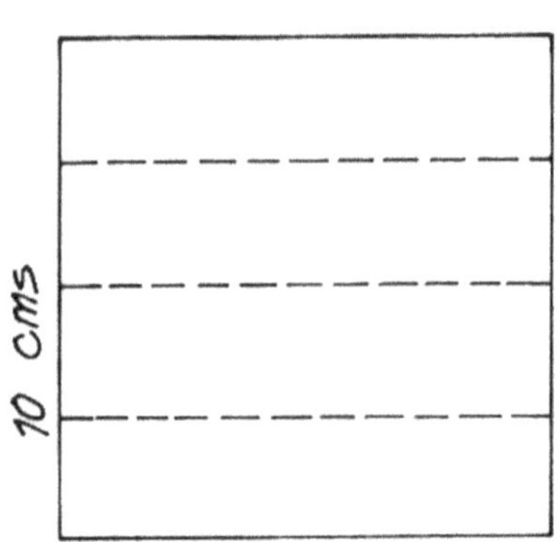

1. Tomar un cuadrado de 10x10 cms. Plegarlo en 4 partes iguales.

2. Formar con él un fuelle.

3. Doblar hacia abajo las puntas (1,2) y (3,4). Quedan formadas las puntas A y B.

4. Desplegar nuevamente para tener otra vez el fuelle.

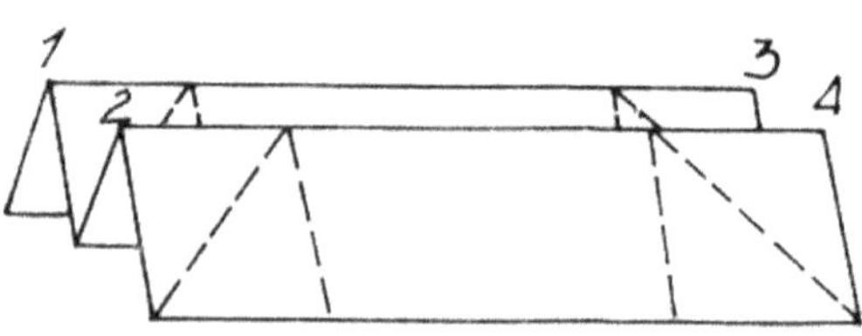

5. Doblar hacia adentro los trián-
    gulos 1,2 y 3,4, para obtener la
    figura que muestra el dibujo.

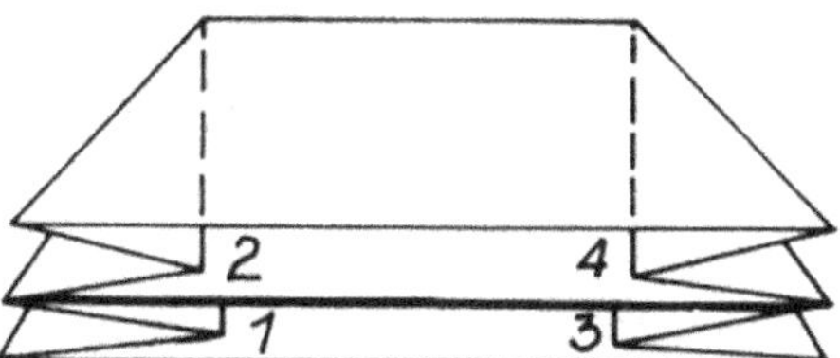

6. Llevar la punta B hacia adelan-
    te. Plegar los puntos A y B en
    dos, hacia la derecha, por don-
    de lo indica la línea punteada y
    quedan formadas las patas de
    un lado.

7. Llevar las patas hacia atrás.

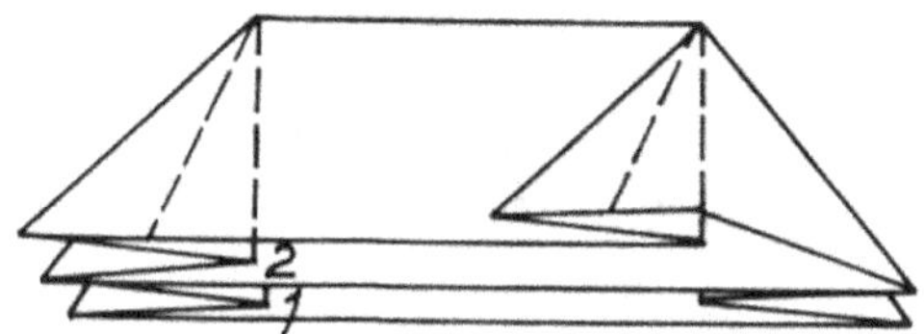

8. Voltear la figura y repetir la
    operación desde el punto G,
    teniendo en cuenta que los
    pliegues deben hacerse hacia
    la izquierda porque es el lado
    izquierdo.

    ¡Qué lindo el cochinito!

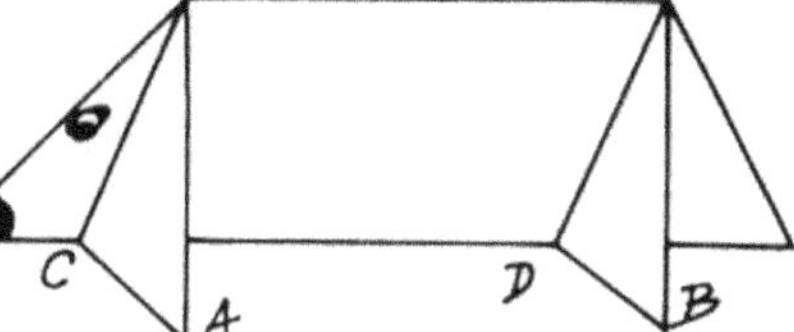

La bomba de agua

1. Tomar un cuadrado de papel
    grueso de 20 cms de lado.
    Doblarlo por la mitad.
    (Ver fig. A)

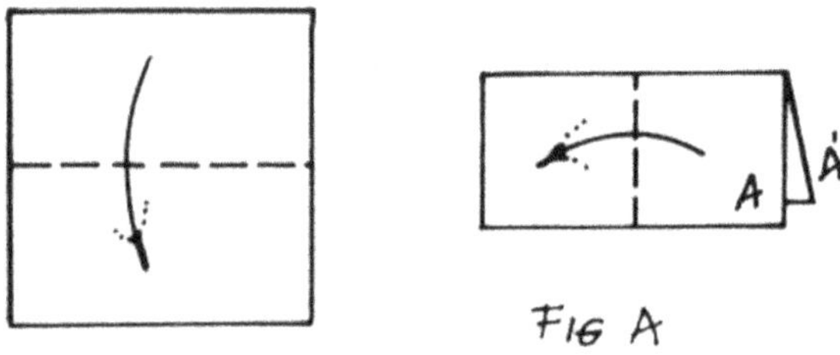

2. Ejercer presión sobre el pliegue
    vertical. Separar las puntas A y
    A' y aplanarlas.
    (Ver figura B)

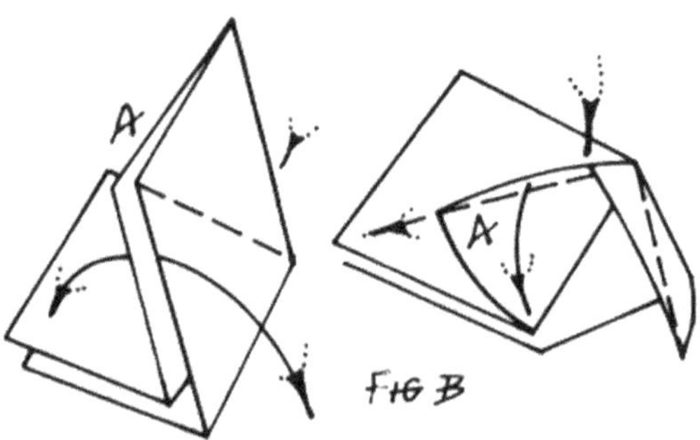

3.   Se forma así un triángulo gran-
     de. Voltearlo.
     (Ver fig. C).

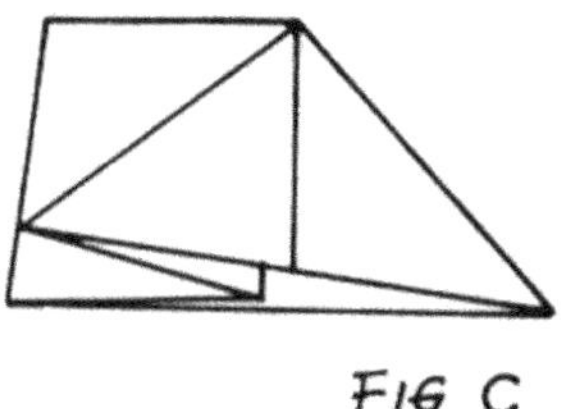

FIG C

4.   Levantar las dos caras del cua-
     drado grande y ejercer presión
     como en el paso
     N° 2, para abrir el espacio.
     (Ver fig. D)

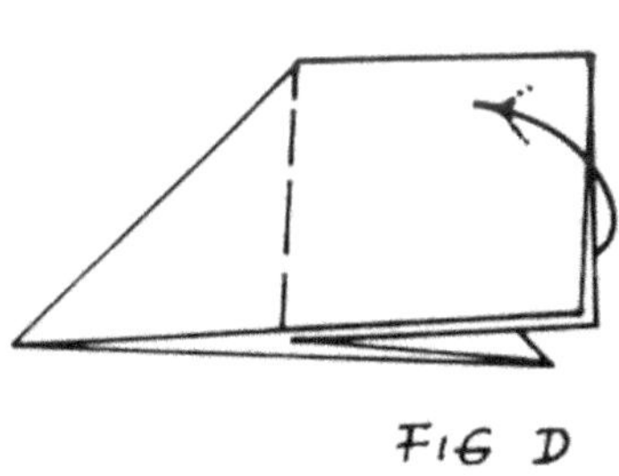

FIG D

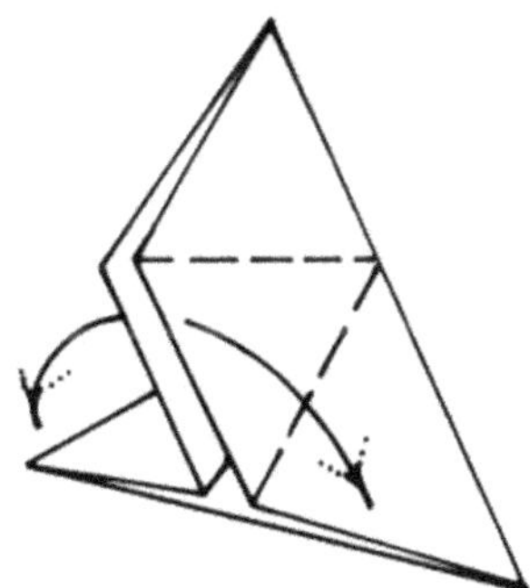

5. Doblar las esquinas de abajo hacia la esquina de arriba, (en el triángulo de adelante solamente). Voltear y hacer lo mismo de este lado.
    (Ver fig. E)

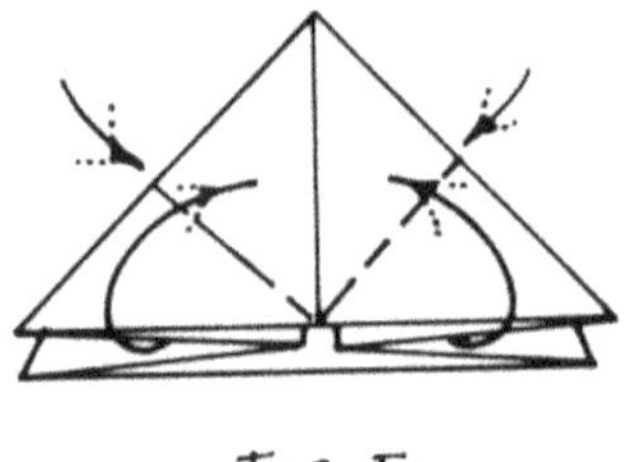

6. Doblar las esquinas izquierda y derecha del diamante delantero hacia el centro.
    Repetir por detrás.
    (Ver fig. F)

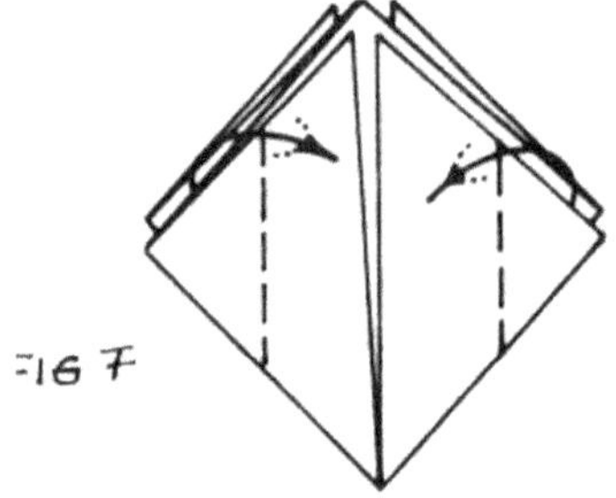

7. Doblar las esquinas sueltas hacia el medio. Repetir por detrás.
    (Ver fig. G)

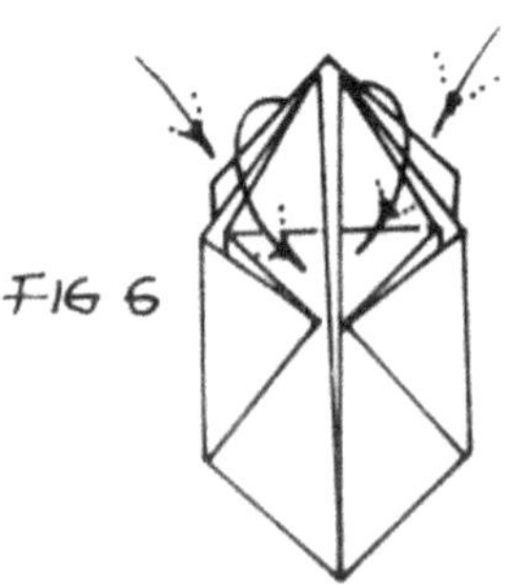

8.   Doblar hacia adelante C y D dentro de los espacios. Repetir por detrás.
     (Ver fig. H)

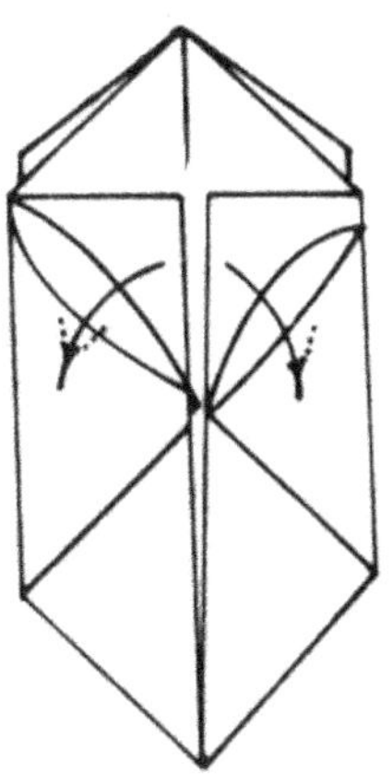

9.   Soplar por el agujero del fondo para inflar el papel. Ya está la bomba de agua.
     ¡A jugar con ella!.

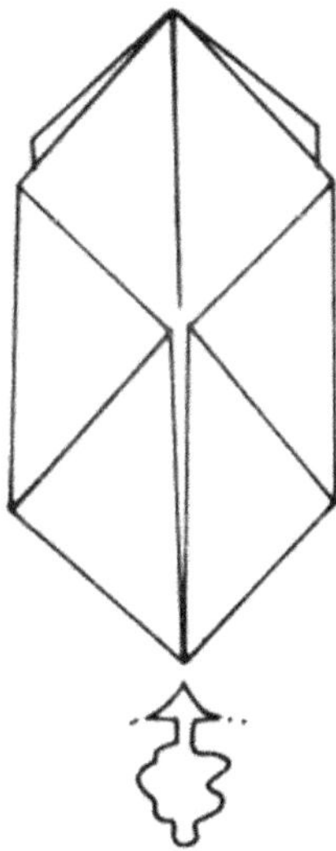

El sapito saltarín

1. Tomar un rectángulo de 10 x 7 cms. Doblar por la mitad a lo largo. Llevar la punta A hacia el extremo derecho y marcar el pliegue. Repetir lo mismo con la punta B, pero hacia el lado izquierdo.

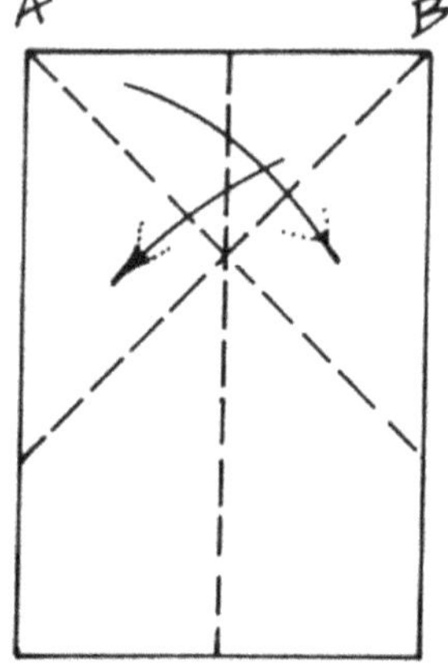

2. Teniendo marcada una "X" en el papel, coger el borde "C" de la parte superior y llevarlo hacia el centro; plegar por el punto central de X y desdoblar.

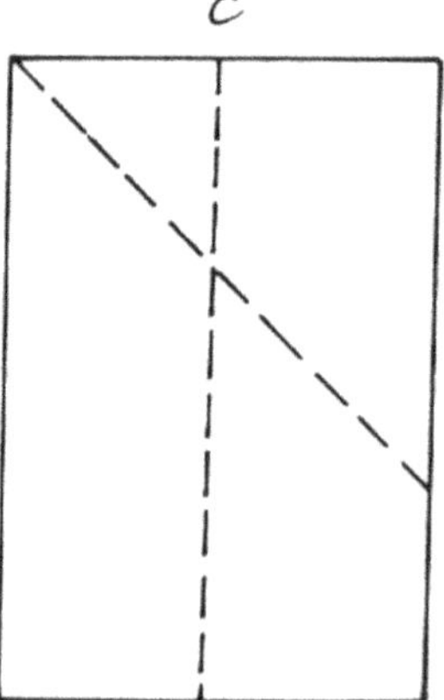

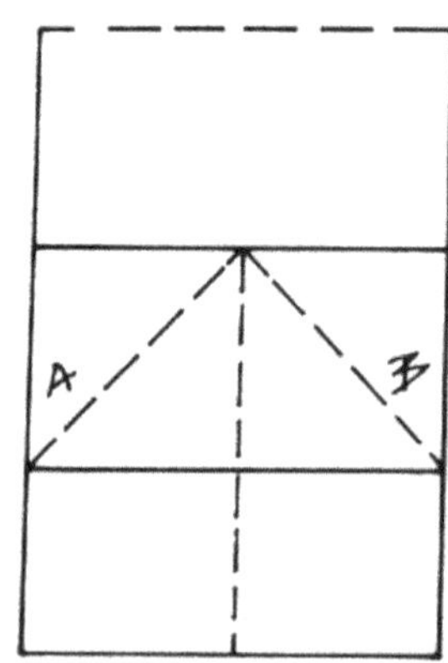

3. Tomar de nuevo la esquina "B" y llevarla hacia el borde izquierdo.

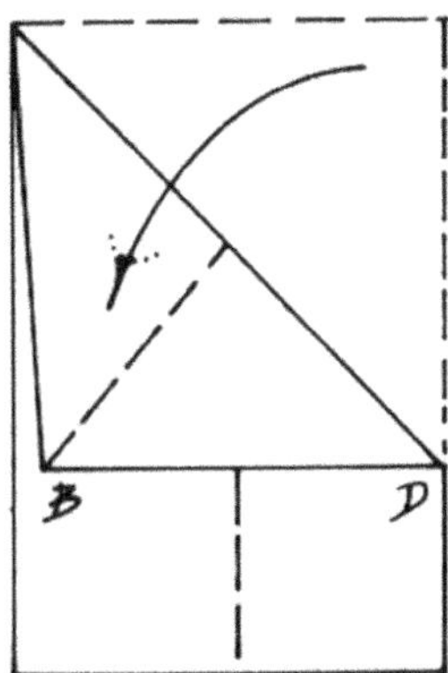

4. Llevar la esquina "B" a la esquina "D".

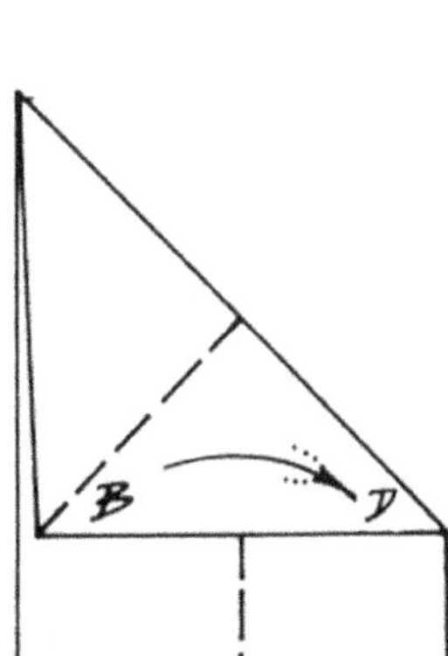

5. Aplastar la pared N° 1 haciendo que la esquina "A" se una con la esquina "E".

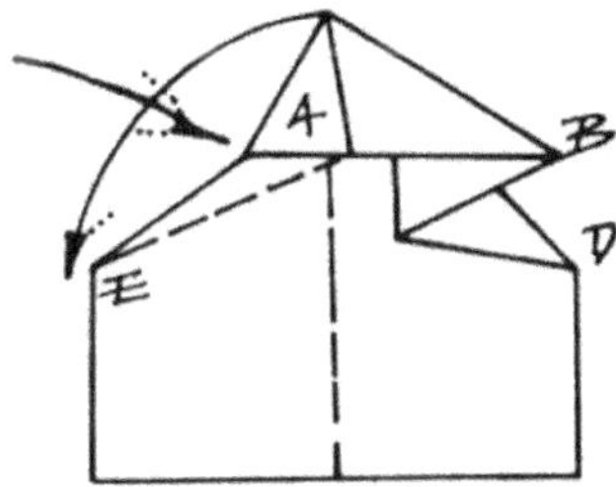

6. Coger las esquinas "A" y B y doblarlas hacia arriba por la línea punteada de tal manera que coincida con la línea del doblez.

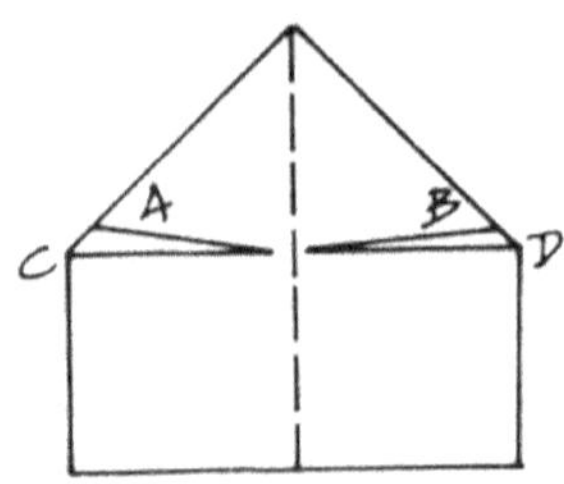

7. Así se obtienen las patas del sapito. Ahora doblar los bordes sobre la línea media.

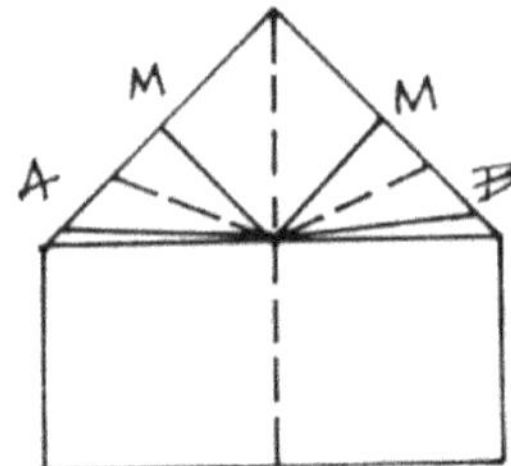

8. Doblar con mucho cuidado el borde inferior hacia arriba. No hacer muy duro el pliegue.

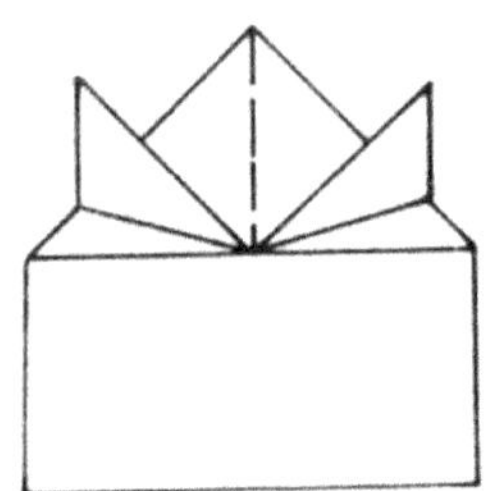

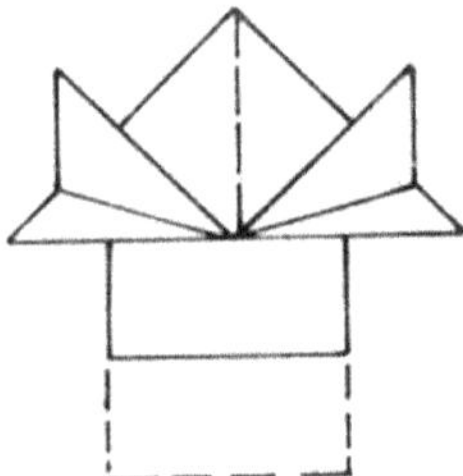

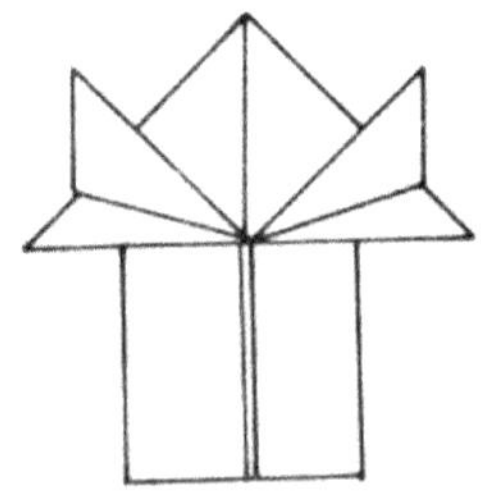

9. Doblar hacia abajo el borde superior con mucho cuidado, sin
   hacer muy fuerte el pliegue.

   ¡Listo el sapito saltarín!.

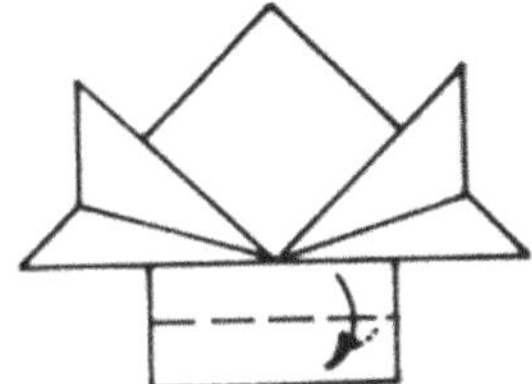

10. Para que el sapito salte, se le
    aprieta la colita suavemente.

El perrito mentiroso: ¡dice sí, dice no!

Tomar dos cuadrados de papel del mismo tamaño. Uno para hacer la cabeza y el otro para hacer el cuerpo.

Hagamos primero la cabeza.

1. Tomar un cuadrado y plegarlo en cruz.

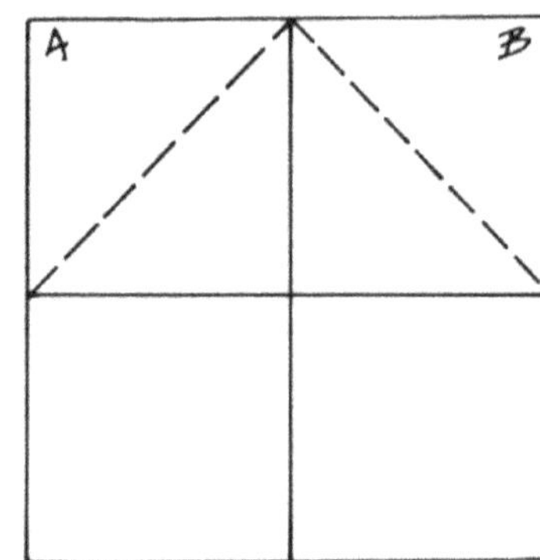

2. Doblar las puntas superiores A y B hacia el centro.

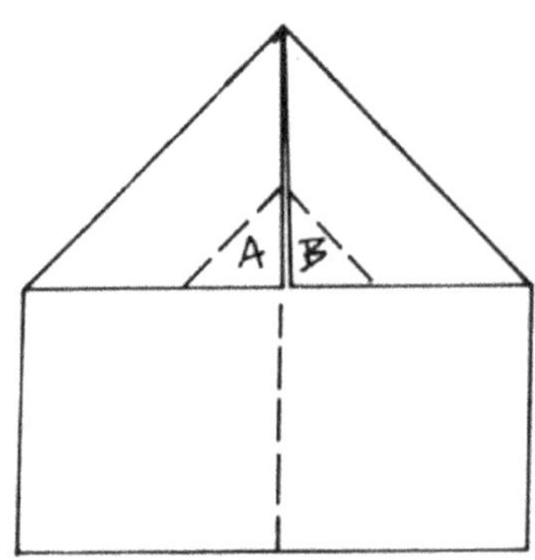

3. Doblar por la línea punteada las puntas A y B.

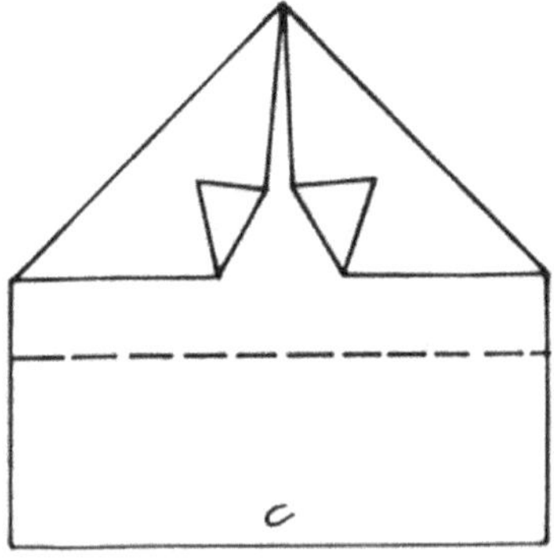

4. Doblar el borde inferior C hacia arriba, de tal manera que pueda verse una partecita de las esquinas que acaban de doblarse.

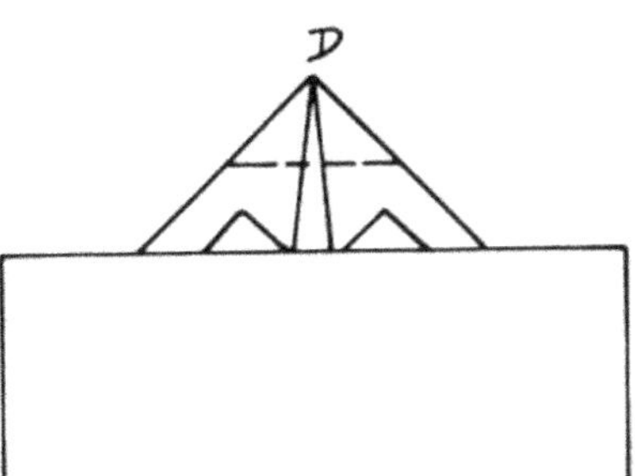

5. Doblar la punta D para formar la nariz.

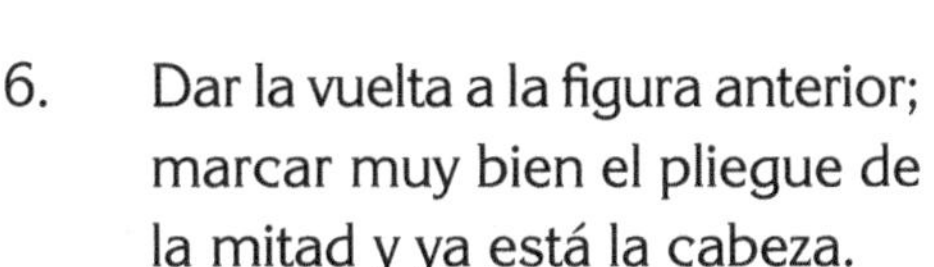

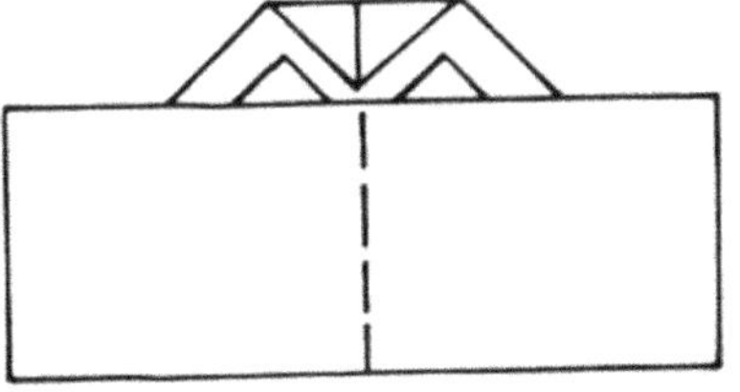

6. Dar la vuelta a la figura anterior; marcar muy bien el pliegue de la mitad y ya está la cabeza.

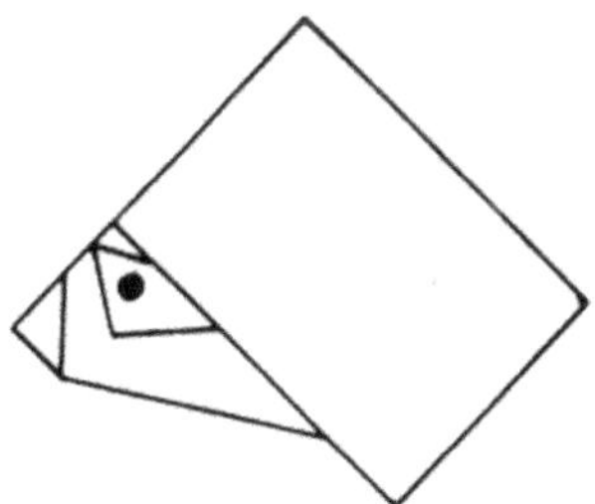

Ahora el cuerpo.

7. Tomar el otro cuadrado de
    papel y plegarlo en cruz.

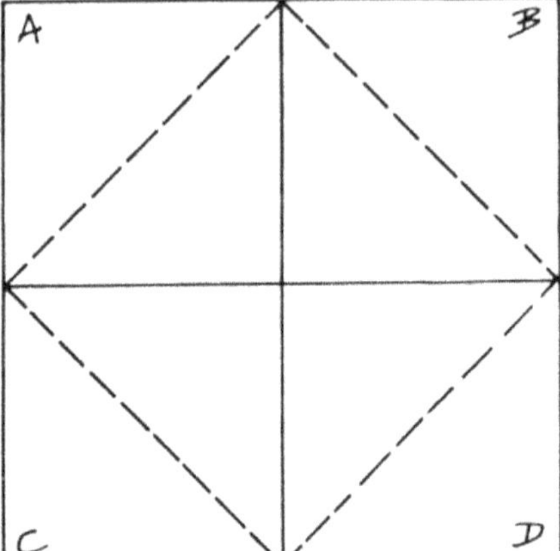

8. Doblar las puntas A, B, C,
    D, hacia el centro.

9. Doblar el nuevo cuadrado
    por la línea punteada.

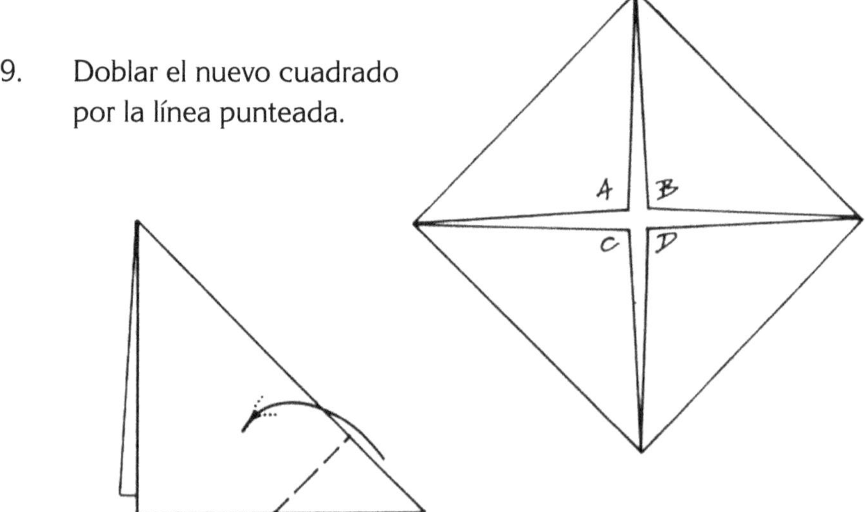

10. Doblar la esquina de abajo hacia arriba.

    Abrir un poco el pliegue y colocar sobre él la cabeza.

    ¡Qué lindo se ve el perro guardián!

La cartera de Rosita

1. Doblar un cuadrado en forma de cruz, como lo muestra la figura.

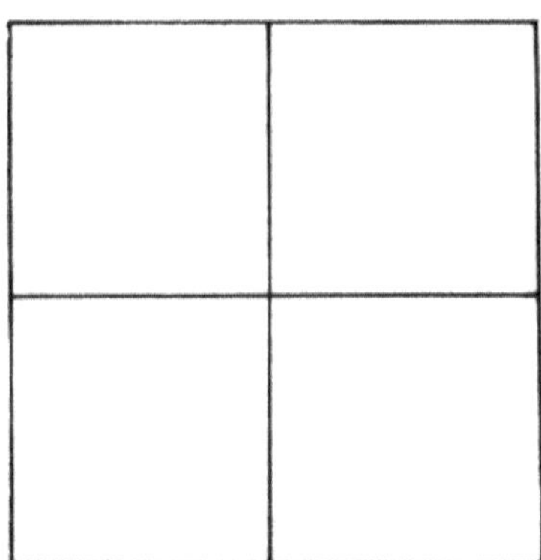

2. Doblar las 4 esquinas hacia el centro de la hoja para que quede así:

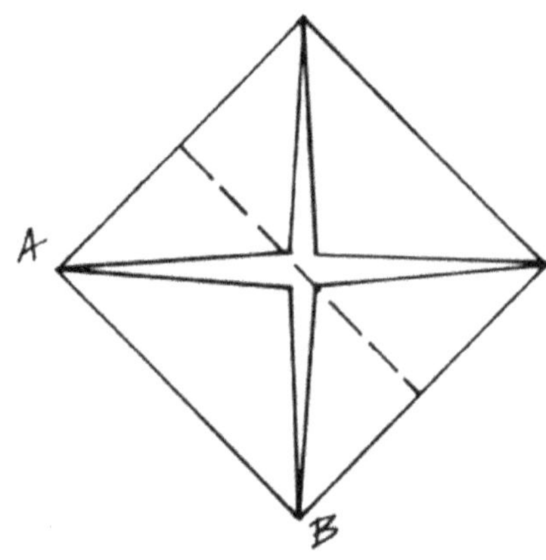

3. Coger este nuevo cuadrado de las esquinas "A" y "B" y doblarlo por todo el borde diagonalmente.

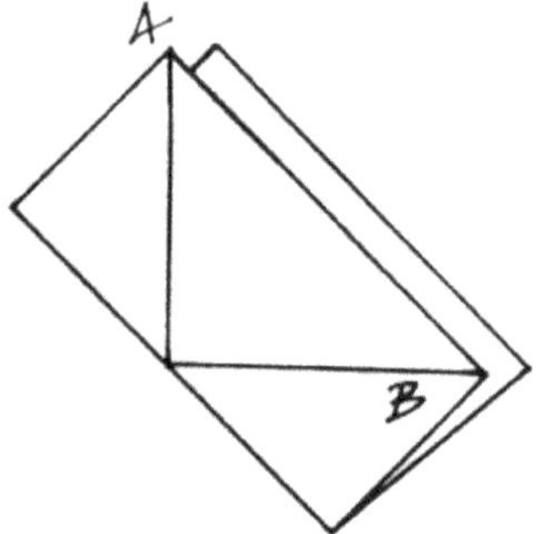

4. Abrir la figura y tomar las esquinas "A" y "B" y llevarlas hasta el centro de la hoja, de tal manera que el borde coincida con el doblez central. Se repite lo mismo con el otro lado.

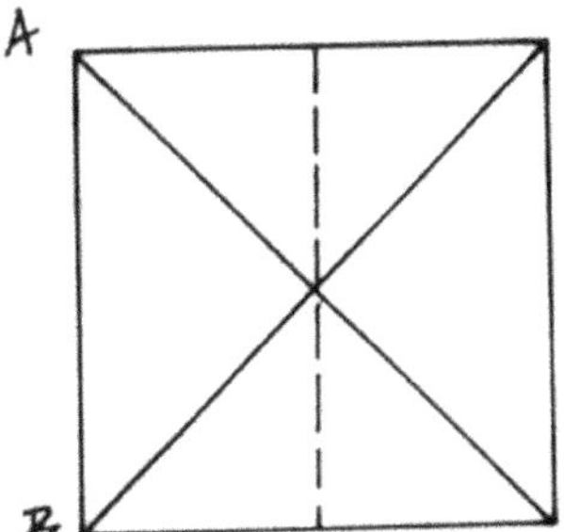

5. Tomar las puntas A y B y doblar contra el doblez central; se obtiene así un rectángulo.

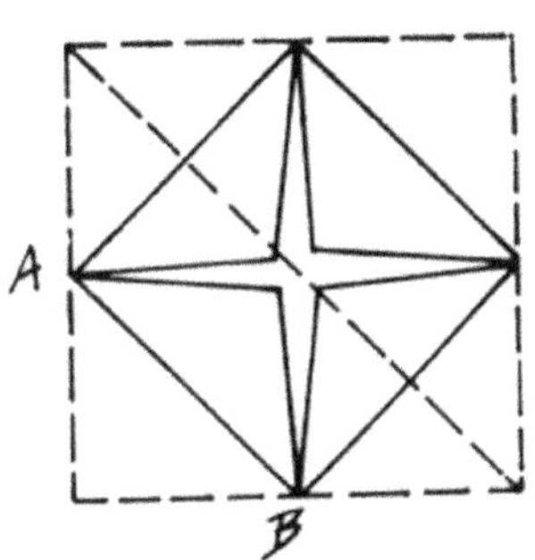

6. Colocar el rectángulo en posición vertical, doblar los bordes superior e inferior del rectángulo sobre la línea media horizontal.

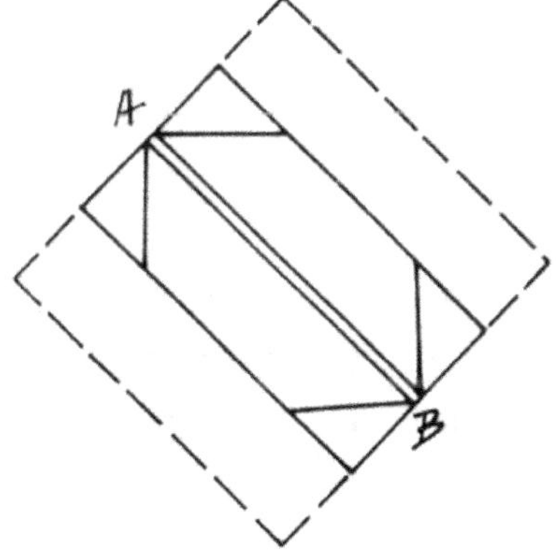

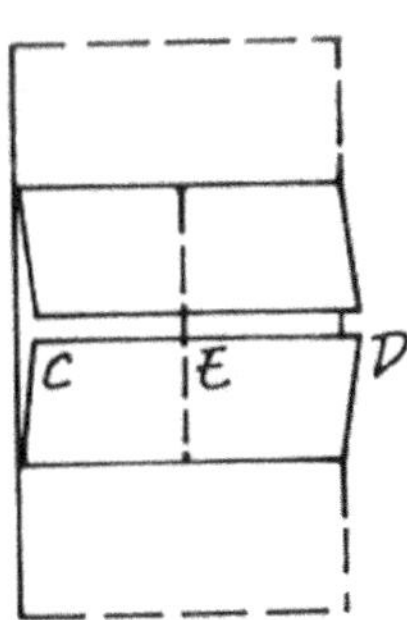

7. Sacar las puntas C y D hacia los lados y aplanar, haciendo coincidir E con la línea media horizontal.

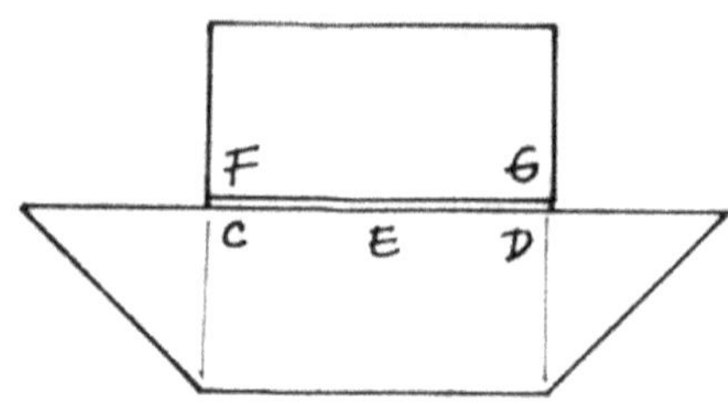

8. Repetir el mismo proce-dimiento con las puntas F y G.

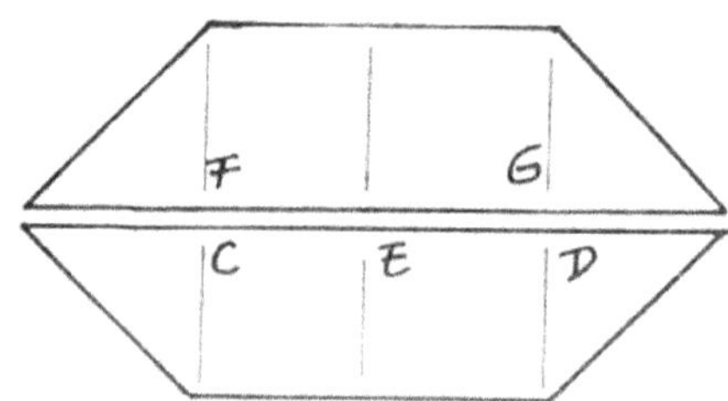

9. Teniendo esta figura doblamos la parte superior hacia atrás.

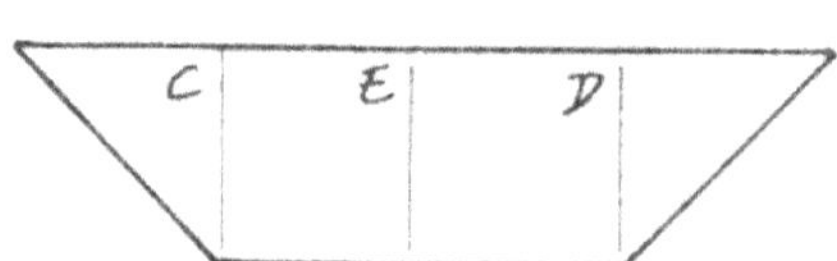

10. Tomamos el triángulo, que está dentro de la figura, por la parte posterior y lo sacamos.

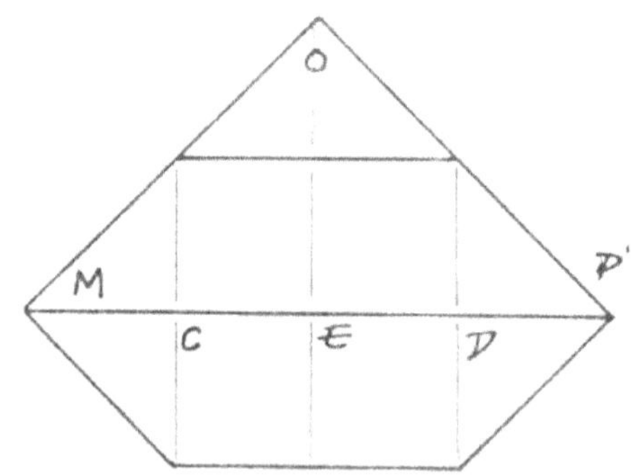

11. Luego se saca el triángulo de
     la parte anterior.

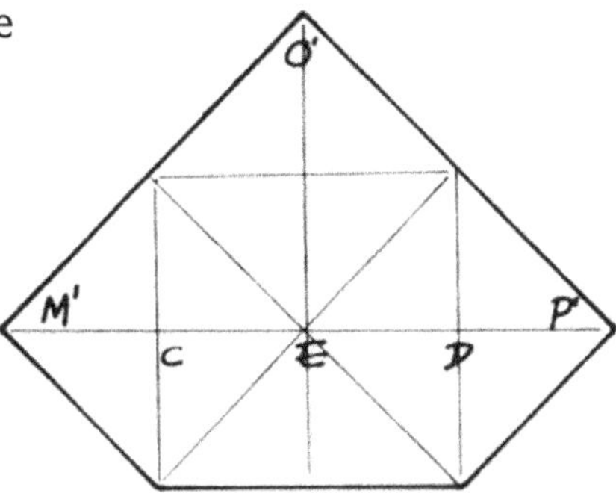

12. Tomar las esquinas M, O y P y
     llevarlas hacia el centro. Repetir
     lo mismo con las esquinas M'
     O' P' por el otro lado.

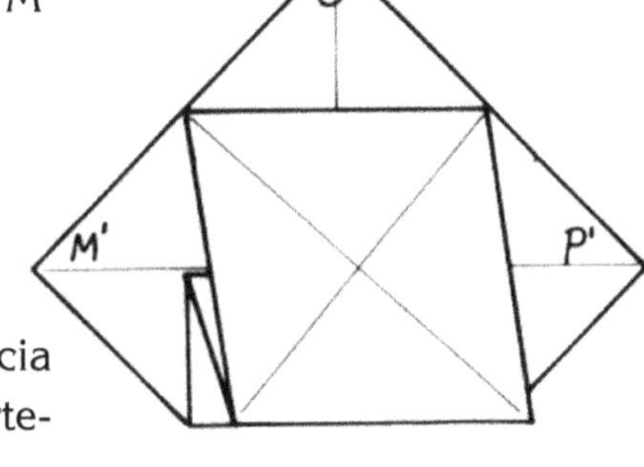

13. Doblar las puntas H, I hacia
     adelante para obtener la carte-
     ra!

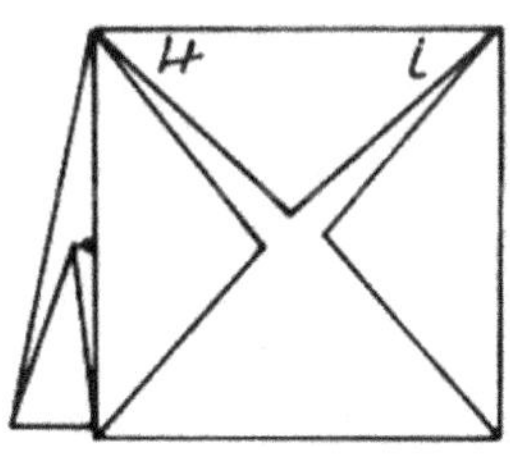
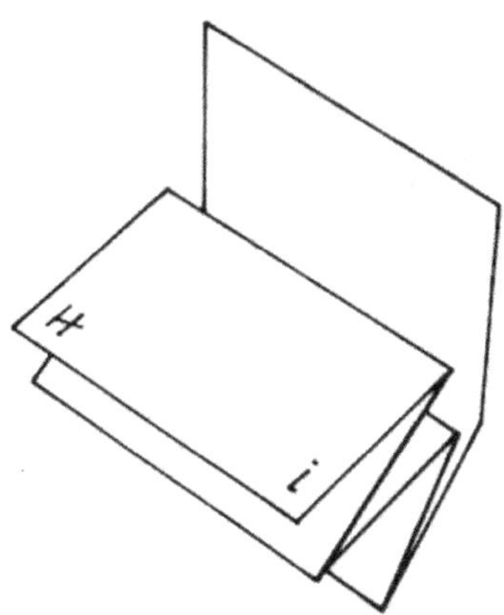

Mariposa vagarosa

1. Tomar un cuadrado de papel de 10x10cms, de diferente color por cada lado.

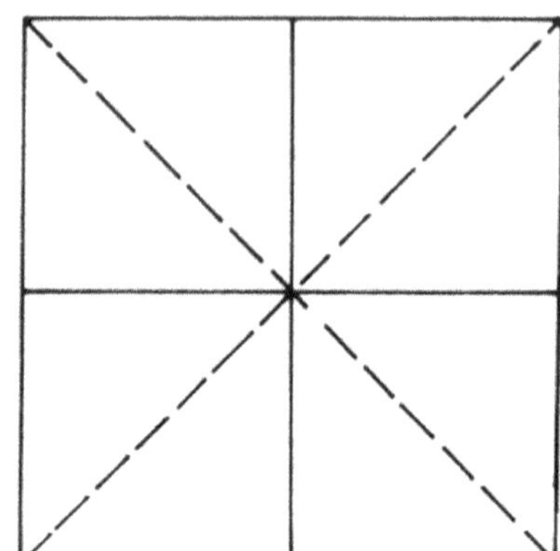

2. Doblar como lo muestra la figura, marcando bien los pliegues.

3. Doblar el cuadrado por la mitad.

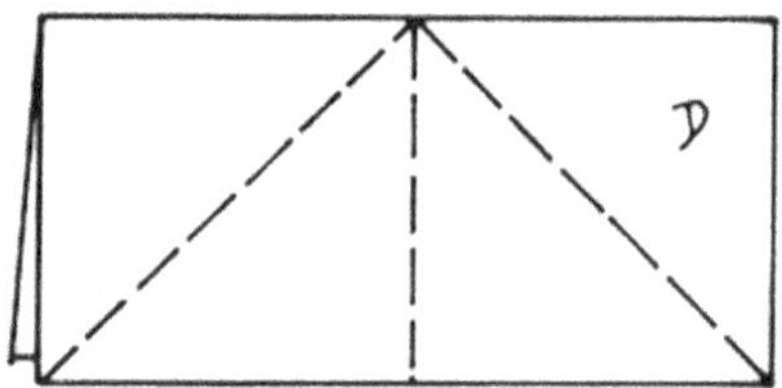

4. Levantar la mitad derecha (D) verticalmente.

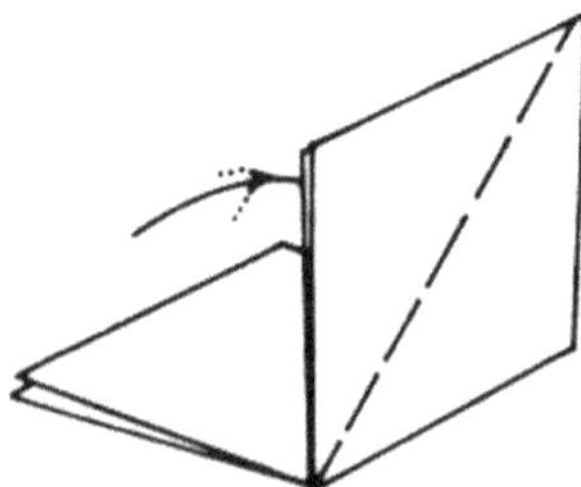

5. Abrirla por donde indica la flecha.

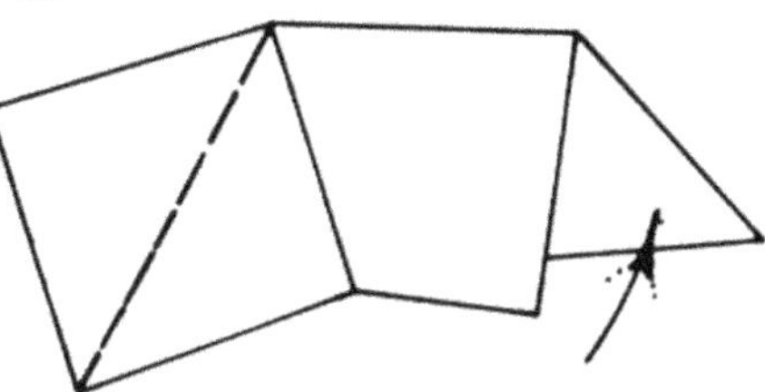

6. Aplastar el pliegue por la parte superior.

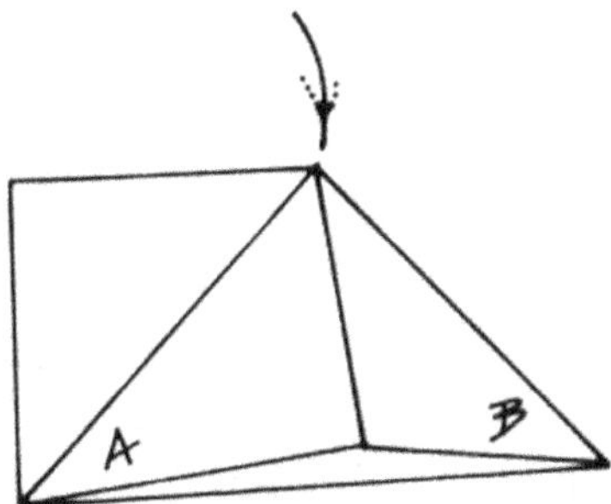

7. Doblar la punta A sobre la punta B.

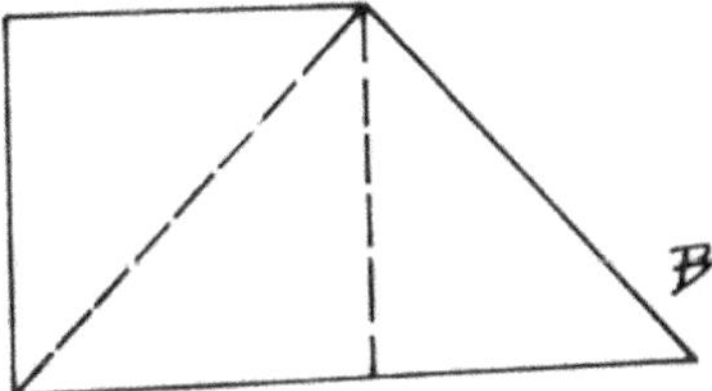

8. Repetir con la parte izquierda de la figura los pasos 5, 6 y 7, y así se obtiene la figura base para hacer lindas mariposas.

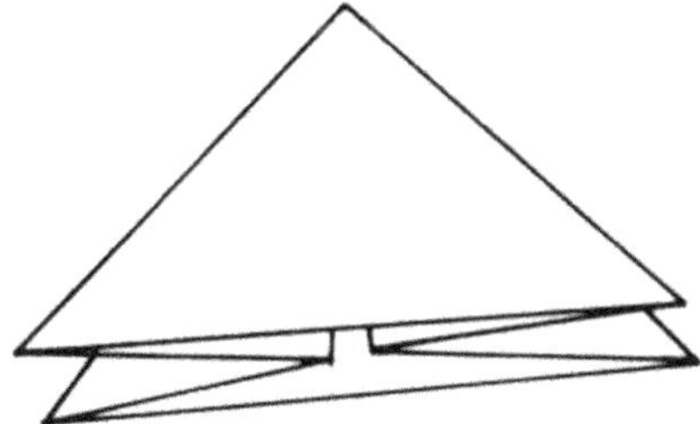

Mariposa vagarosa

1. Partir de la figura básica
   N° 5 que está en la página anterior.

   Colocarla como lo indica la figura.

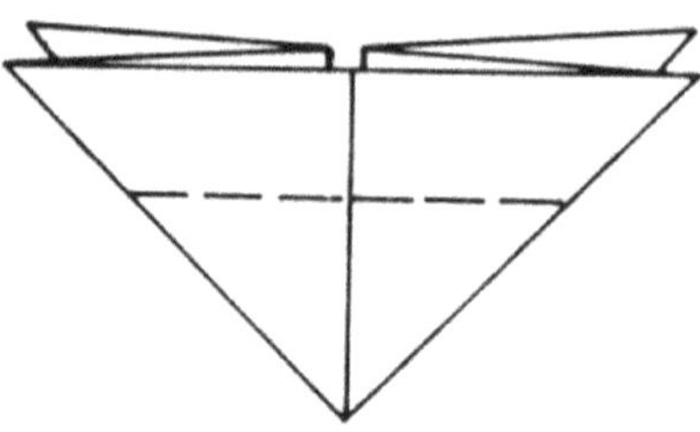

2. Doblar hacia arriba la punta inferior por la línea trazada. Dar la vuelta a la figura, de izquierda a derecha, de tal manera, que la punta quede por detrás.

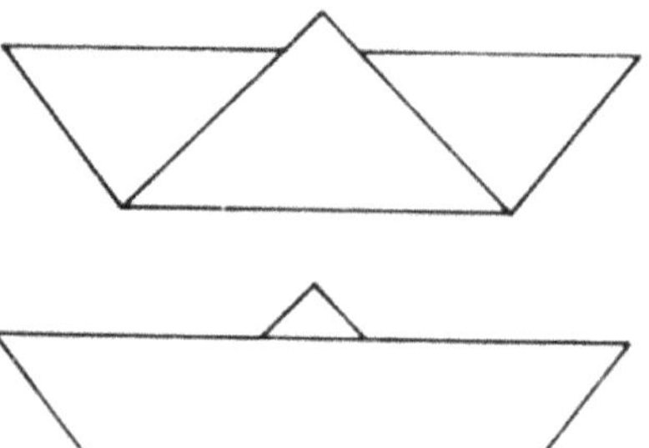

3. Abrir la parte anterior de la figura y aplastar las puntas A y B.

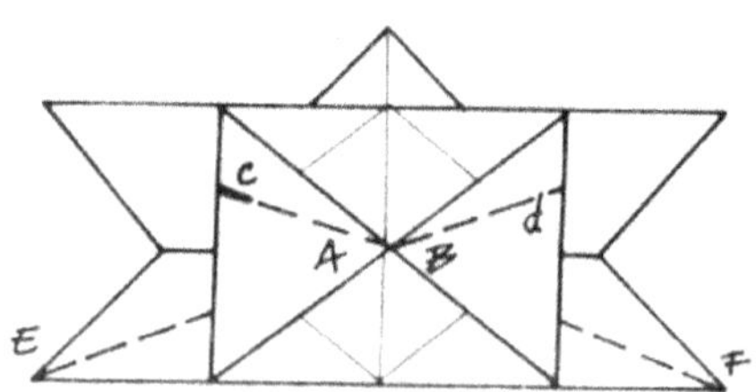

4.   Meter los dedos por debajo de A y B. Llevar hacia arriba los dobleces C y D y convertirlos en punta.

       Doblar las puntas E y F en la parte inferior por la línea punteada.

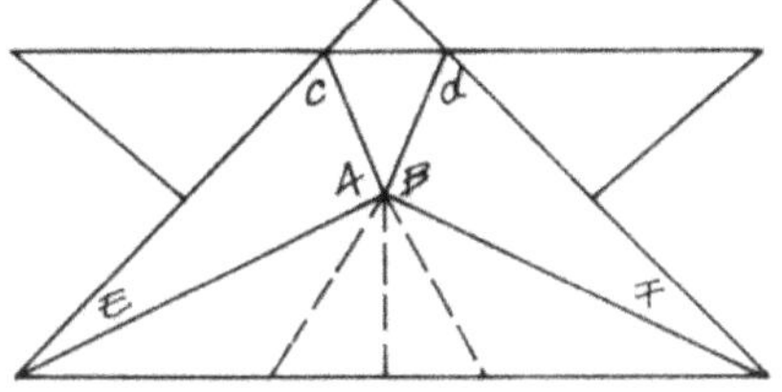

5.   Hacer un corte por la línea G hasta encontrar el centro.

       Doblar las puntas H, I hacia la izquierda y hacia la derecha hasta encontrar el doblez E y F.

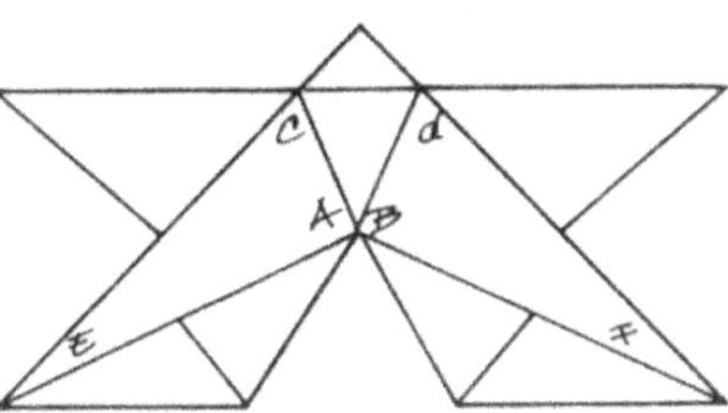

       ¡Y está terminada la mariposa!

El portarretarto

1. Recortar un cuadrado de 15 cms x 15 cms y doblarlo como lo muestra la siguiente figura:

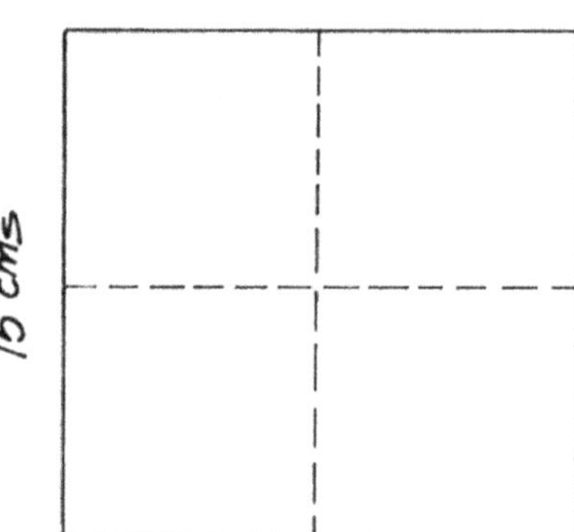

2. Plegar las esquinas A, B, C, y D hacia el centro y luego voltear la figura.

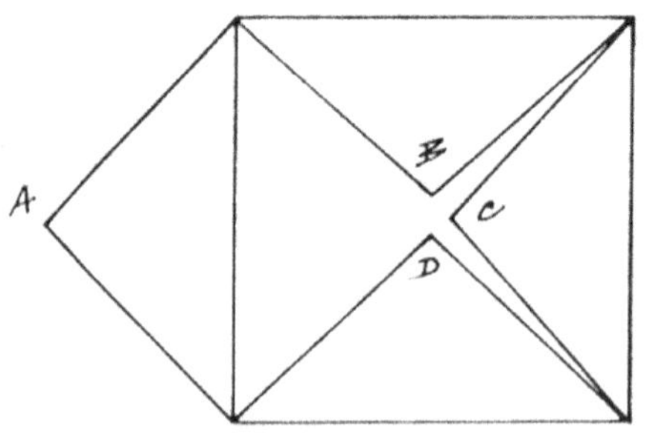

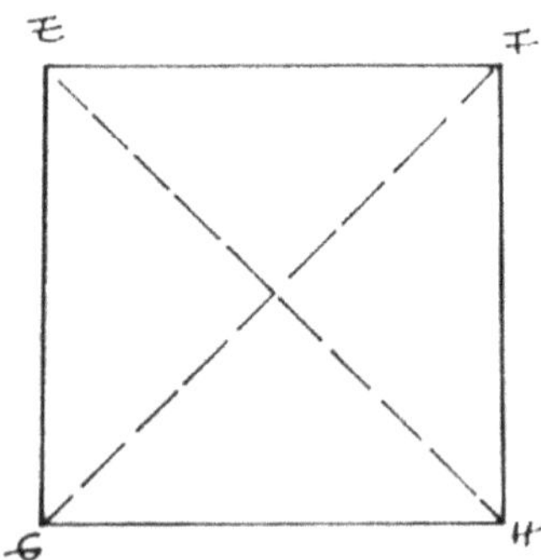

3. Teniendo la figura así voltea-
    da, plegar hacia el centro las
    esquinas E, F, G, H y voltear
    nuevamente esta figura.

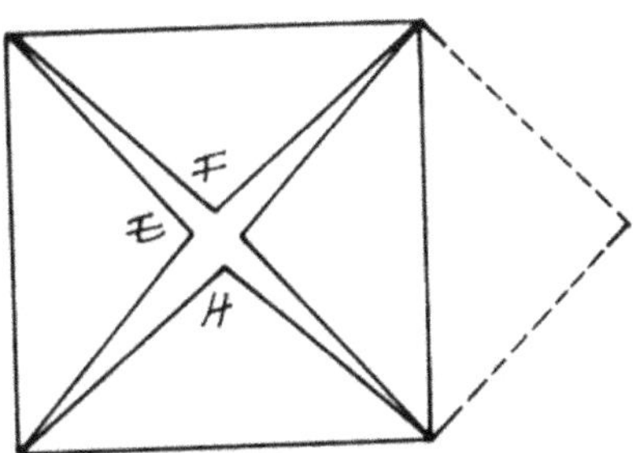

4. Doblar las esquinas I, J, k, L
    hacia el centro y voltear nue-
    vamente la figura.

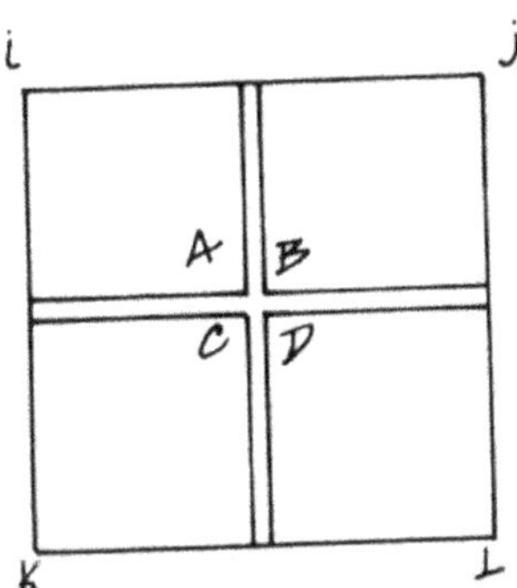

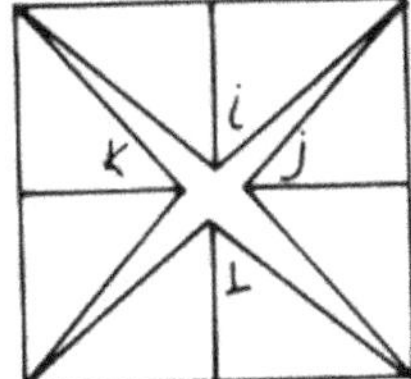

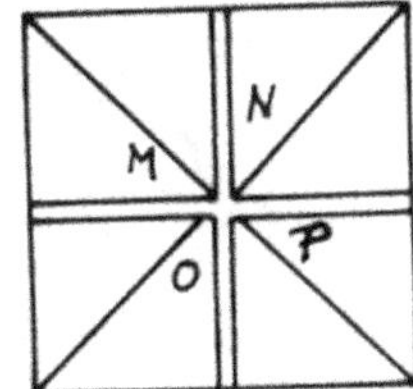

5. Observar con detenimiento los cuatro pequeños cuadrados que han quedado formados: M, N, O y P. Abrir luego cada uno de los pequeños cuadrados y aplastarlo. (Para ello, meter el dedo pulgar por debajo de cada uno de ellos y con los dedos índice y pulgar de la otra mano aplastar).

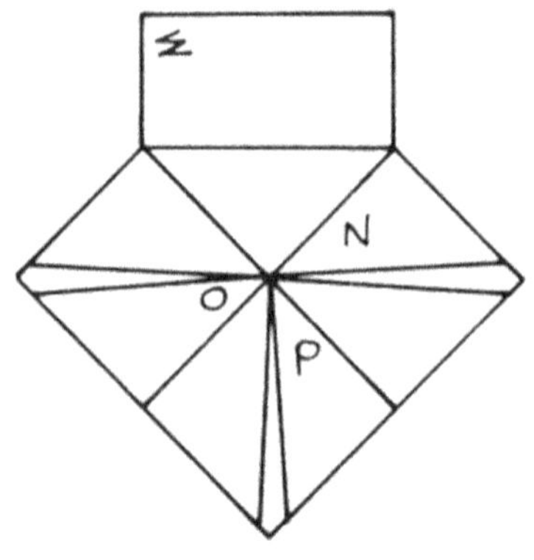

6. Dar la vuelta a la figura P.

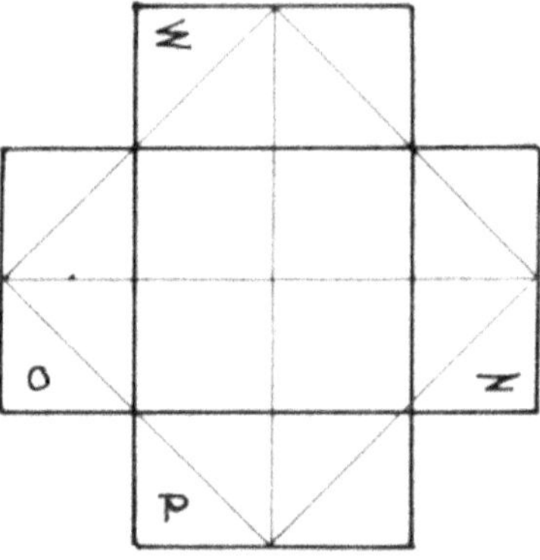

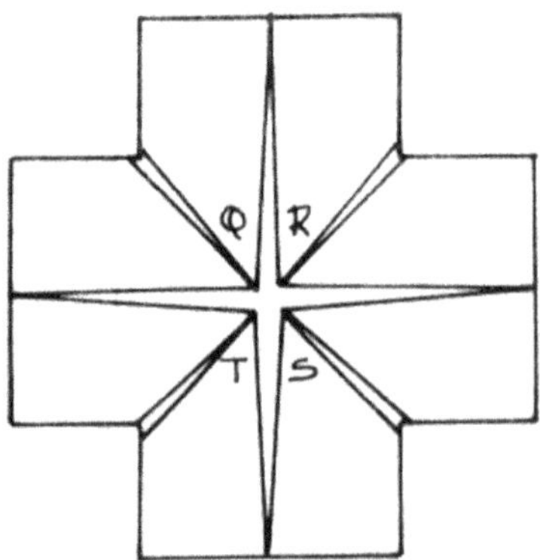

7. Observar las letras Q, R,
S y T. Voltear las puntas hacia
afuera.

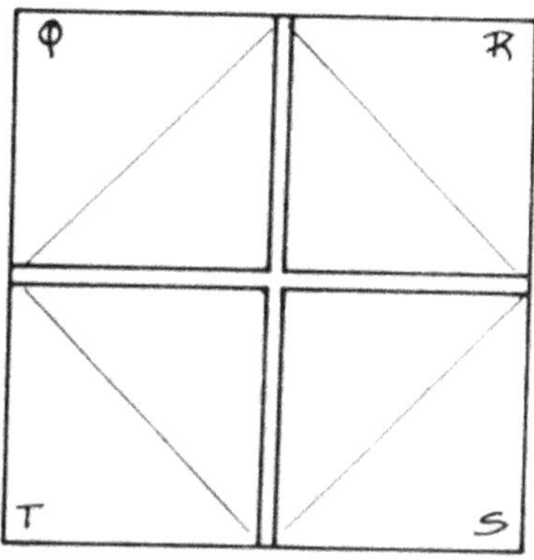

8. Voltear la figura X y doblar hacia
atrás las puntas que han quedado dobladas hacia adelante, y
está listo el portarretrato.

¡Ya puede colocar
el retrato!.

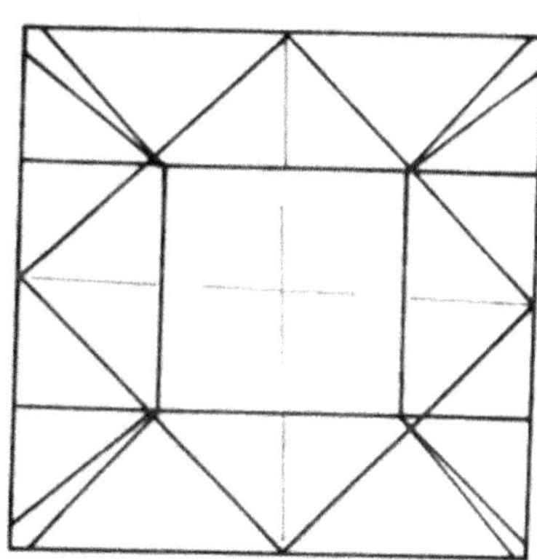